FLORENCE BELKACEM

CUEILLEUSE de SIGNES

Roman

PEUT-ON ÉCHAPPER À SON DESTIN ?

Guy Trédaniel éditeur
19, rue Saint-Séverin
75005 Paris

À

Pitouf

Judith

Pip

Croa

Ziggi

Fifi et Mimi

Et bien sûr

Duchesse

Cléo

Mojo

1

Nos moments de lumière sont tous des moments de bonheur. Quand il fait clair dans notre esprit, il y fait beau.

JOSEPH JOUBERT, *PENSÉES*

Depuis des mois, un souvenir prend possession de moi. Toujours le même. Il s'accroche à mes prunelles, chahute mon cœur, trouble mon âme. Mais cette obsession qui surgit à n'importe quel moment du jour et de la nuit serait-elle plus qu'un souvenir ? Que cherche-t-elle à me dire ?

Souvenir de l'été 2008
Quand ses mains rejoignent les miennes

Nous sommes dans notre maison familiale de Lorraine, une ancienne ferme en retrait de la route de Phalsbourg. Mi-juillet, c'est le temps des retrouvailles joyeuses avec oncles, tantes, cousins, cousines, amis, voisins… Comme tous les dimanches midi, nous nous retrouvons autour de la grande table en chêne. Papa a ajouté les deux rallonges qu'il a l'habitude d'entreposer dans la remise. L'été a chassé le service à vaisselle de l'hiver pour celui des mois heureux, des assiettes et des plats d'un jaune éclatant en forme de pétales de marguerite. Au centre de la table, quelques dahlias cueillis du jardin de maman, son petit paradis.

La gaieté est partout. La double porte de la salle à manger qui donne sur le pré aux vaches est grande ouverte et, au loin, on aperçoit des meules de foin qui dorent au soleil. Avec la chaleur et le vent d'ouest, une odeur de paille séchée se répand jusque dans la pièce et nous enivre. Les voix sont fortes, les rires fusent et papa veille à ce que les verres ne désemplissent pas. Tante Marguerite vient d'apporter deux tartes aux abricots sur une musique échappée de l'harmonica de mon parrain. Tandis que je savoure un dernier abricot caramélisé, une folle envie de me rapprocher de maman m'envahit. Folle parce qu'irraisonnée et incontrôlable, comme lorsque j'avais six ans et qu'à la fin des repas une pulsion m'enjoignait d'aller m'asseoir sur ses genoux. Mes frères aimaient alors se moquer de moi et mimaient un chaton courant se blottir dans la chaleur maternelle.

Dans mon souvenir, je me revois me lever et rejoindre maman assise en bout de table, face à papa nous observant à l'autre extrémité. Debout derrière le dossier de sa chaise, je pose mes mains sur ses épaules et me penche doucement vers son visage. Mes lèvres s'empressent de lui donner un baiser. Je cale ma joue contre la sienne et laisse glisser mes doigts pour les croiser près de son cœur. Ses mains rejoignent les miennes et je reste un long moment, incapable de me détacher du creux de son cou sous le regard quelque peu interloqué des oncles et des cousins. Ils se demandent si je n'en fais pas un peu trop… Ils ont raison, il y a bien longtemps que l'enfance m'a quittée, je suis même devenue maman à mon tour. Mais je n'ai que faire des convenances. L'important, c'est elle et moi ; moi et elle, l'une contre l'autre, unies. Plus rien n'existe. Ce que je veux, c'est lui donner de la tendresse et de l'amour. Plus de tendresse que d'amour ou plus d'amour que de tendresse ? Je ne sais… Si la pudeur des sentiments force maman à la retenue, je sens bien qu'en cet instant, tout son être s'emplit de joie et que je lui donne du bonheur. Et ce sentiment rejaillit sur moi en longs frissons.

Je ferme les yeux…
Je sens ta peau
Ta chaleur
Ton souffle
Ta douceur
Je vois tes mains sur les miennes
Tes yeux dans les miens
Tu n'es plus
Mais toujours là

Février 2018
Pensées, nuages et ciel

Pourquoi cette image de nous deux enlacées revient-elle comme une douce blessure ? Pourquoi celle-ci, alors que tant d'autres souvenirs sont préservés et chéris dans ma mémoire ? Et pourquoi maintenant alors que maman a franchi les portes de l'éternité en 2013 ? Tant d'années se sont écoulées depuis ce déjeuner d'été dans la maison familiale. Si seulement je comprenais cette obsession.

En ces jours d'hiver parisien, je regarde le ciel désespérément gris et j'implore le soleil de réapparaître ;

il a boudé toute la saison. C'est alors qu'un pigeon s'invite sur la rambarde en fer forgé du balcon et se penche sur une jardinière de fleurs. Moi qui suis l'amie des oiseaux, l'animal ne m'est guère familier : ce n'est ni un biset qui se confond avec l'ardoise et le zinc des toits de Paris, ni un ramier au poitrail teinté de mauve avec une touche de blanc sur le col. Je m'approche discrètement de la porte-fenêtre pour observer le nouveau venu. Il a une drôle d'allure. Sa tête, son cou et ses ailes sont tachetés de blanc tandis que le reste du corps est tout noir. On le croirait échappé d'un tableau de Picasso, lui qui a si souvent mis en scène ces volatiles dans des œuvres comme la *Femme aux pigeons*, *Femme couchée aux pigeons* ou encore sa série *Les Pigeons* au musée de Barcelone. Picasso était visiblement poursuivi par l'image de son père que l'on surnommait ironiquement *le peintre des pigeons*...

L'inconnu – que j'ai tout de suite surnommé Pablo – gonfle son collier, ébouriffe ses plumes, cligne des yeux puis les ouvre tout grand pour mieux observer à travers la vitre ou encore se faire bien voir. Il incline sa tête de gauche à droite comme s'il voulait m'inviter à converser. On dirait même qu'il insiste. Je le regarde de très près maintenant, ses yeux orange sont cerclés de blanc. Je trouve à Pablo quelque chose de bienveillant, d'attachant presque (ce que l'artiste espagnol n'était pas). Sensation bizarre. Une minute encore à le fixer puis il tourne le dos et me quitte d'un claquement d'ailes. Le ciel lui tend les bras. Je sors sur le balcon et le suis des yeux. Je me plais à imaginer qu'il va retrouver son amoureuse. « Deux pigeons s'aimaient d'amour tendre », susurre

La Fontaine à mon oreille. Deux pigeons qui, depuis Ésope à l'aube de la culture occidentale, incarnent tout à la fois l'amour, la fidélité, la famille…

Mon regard est attiré par les fleurs de la balconnière sur laquelle s'est posé Pablo. Du violet, du blanc, du parme, du rose, une joyeuse palette de couleurs dans la grisaille parisienne. Ce sont des pensées, rares fleurs qui continuent à sourire à la vie en hiver. J'en saisis une entre mes doigts, couleur lilas bordée de blanc, si délicate et pourtant si robuste. Je caresse les larges pétales de velours qui regardent le ciel ; au centre, un petit œil jaune et vif qui semble défier l'azur. Selon le langage des fleurs, les pensées symbolisent le souvenir : *des pensées pour penser à toi…* Tout à coup, les fleurs s'éveillent et s'illuminent, un furtif rayon de soleil vient les éclairer comme si cette lumière insinuait un lien entre l'animal et le végétal, l'oiseau et les fleurs, le vivant et l'inanimé. Dans le ciel, de gros nuages blancs redessinent l'horizon. J'y aperçois un visage. Maman ?

Bref sentiment d'irréalité quand le réel et le surnaturel ne font plus qu'un. Et si ce pigeon venu toquer à la fenêtre était l'émissaire de maman ? Et si les pensées évoquaient ce souvenir d'elle et de moi enlacées ? Et si ce rayon de soleil consacrait l'union de la vie et de l'au-delà ? Et si ce visage apparu dans les nuages manifestait une présence ? Je m'emporte, mais qu'importe ! Pour moi, le pigeon, la fleur, le soleil et le nuage ne peuvent être le fruit du hasard, je comprends qu'ils sont la clé de déchiffrement de l'image qui m'a tant obsédée. Maman veut me signifier qu'elle n'est pas *un souvenir* ou une image enfouie dans ma mémoire, mais qu'elle est *Amour*, un amour toujours renouvelé même par-delà la mort. Comme ces pensées qui se ressèment et refleurissent de plus belle, comme ces nuages insaisissables qui peuplent et repeuplent le ciel.

Que n'ai-je compris plus tôt ce vers d'Arthur Rimbaud dans *Sensation* : « *l'amour infini me montera dans l'âme* » ? À toi, me murmure maman, de ressentir l'amour que je te transmets au travers des signes les plus insoupçonnés...

Alors je te chercherai dans
une fleur
un oiseau
un nuage
un sourire
Vers toi s'envolent des baisers...

2

Je t'aime est le seul mot
que j'ai bien retenu.

STÉPHANE MALLARMÉ, *POÈMES DE JEUNESSE*

Il est près de 16 heures lorsque le taxi me dépose devant le funérarium du Raincy.

2 mai 2019
Hier, papa nous a quittés

L'immense baie vitrée, encadrée d'un châssis bleu et blanc me surprend ; on pourrait penser que j'ai rendez-vous dans une agence immobilière pour visiter un F4 dans une résidence arborée à deux pas du RER. Je reconnais que cette façade génère moins de stress et d'angoisse pour les habitants qui vivent au-dessus ou à côté. Je commence à m'inquiéter. L'heure du rendez-vous est dépassée et nous ne disposons que d'une heure auprès de papa ; or, je ne vois toujours pas mes deux frères arriver et aucun ne répond à mes SMS ; je décide de sonner à la porte, ridiculement petite par rapport à la taille de la devanture ; mon cœur se serre. Un agent funéraire m'accueille :

« Je viens voir mon père.
— Le nom du défunt, s'il vous plaît ?
— Hamroun.
— Et vous êtes ?
— Sa fille.
— Chambre n° 2. Vous n'avez qu'une heure.
— Je le sais, merci. J'attends mes frères. Pourrons-nous rester un peu plus ?
— Non. Désolé, je dois respecter les horaires, il y a eu beaucoup de décès cette semaine…
— Même pas quelques minutes de plus ?
— Toutes les familles demandent la même chose. Non, ce n'est pas possible.
— Et où puis-je le voir ?
— Prenez le couloir et ce sera tout de suite sur votre gauche. »

Ni un mot attentionné ni même un regard bienveillant, rien que de l'indifférence. En le quittant, je remarque qu'il remet machinalement ses écouteurs et continue à jouer sur son smartphone.

Me voici devant la porte n° 2 et ma main tremble à l'idée de l'ouvrir. Je la pose sur la poignée ; instinctivement, je la retire aussi vite ; je reprends ma respiration… Ça y est, je suis dans la pièce. J'aperçois papa recouvert d'un drap blanc jusqu'aux épaules dans une lumière crue. Pourquoi faut-il qu'on installe des néons aussi agressifs dans un lieu de recueillement ? Une odeur aigre me prend à la gorge, j'ai presque envie de vomir et surtout je suis incapable de m'approcher de cet être que j'ai tant aimé. Je voudrais pouvoir le toucher, l'embrasser, être tendre comme avant, mais je suis pétrifiée. Et puis, j'étouffe dans cette pièce exiguë où suinte la souffrance. Je me surprends à penser : « La climatisation ne fonctionne pas, faudra que je le signale », et j'ai honte d'une pensée aussi triviale. Je bredouille quelques mots : « Papa, c'est moi, Pauline... Alors, tu as retrouvé maman maintenant ? Tu dois être heureux, hein, papa ? » Des banalités, rien que des banalités. Ai-je perdu toute chaleur humaine, toute empathie ? Suis-je devenue un monstre sans cœur ? Je n'ai même plus de larmes pour pleurer, comme si j'étais devenue spectatrice d'une scène qui m'était étrangère.

Un bouquet de fleurs posé sur un guéridon attire mon attention. Des tulipes rouges en plastique, sans vie, comme ce corps allongé au milieu de la pièce. De toute manière, je déteste les tulipes ; elles n'ont pas d'âme, même vivantes. Et dire que je me laisse désormais distraire par des fleurs artificielles au lieu de me pencher sur papa et de l'entourer une dernière fois de mes bras. J'ai encore plus honte. Maintenant, la mort rôde autour de moi, insidieuse, implacable et invincible. Je prends peur ; j'ai du mal à respirer ; mes tempes battent de plus en plus fort : « Pardonne-moi, papa. C'est trop dur. Ne m'en veux pas... »

Et je pars.

Une fois dehors, je pourrais hurler de douleur. J'aperçois Vincent et Philippe qui arrivent et j'interpelle mon frère aîné :

« Mais on avait rendez-vous à 16 heures ! Vous ne pouviez vraiment pas être à l'heure, par respect pour papa ?
— Mais enfin, calme-toi, Pauline !
— Vous m'avez laissée toute seule ! C'était insoutenable.
— Je comprends que tu sois choquée...
— Je veux rentrer chez moi, je n'en peux plus.

— On ne va pas rester longtemps, attends-nous. Ensuite, nous irons tous les trois à la maison choisir la dernière tenue de papa. D'accord ?
— D'accord, mais on lui mettra une chemise bleue et sa veste bleue…
— Que du bleu, mais pourquoi ?
— Parce qu'il aimait les ciels bleus. »

De retour chez nos parents, le silence qui règne est tout aussi pesant. Je suis prostrée sur la banquette du salon quand soudain le chaton tigré de la maison fait irruption dans la pièce. Je revois alors la main de papa qui le caressait et son corps qui s'apaisait. C'était il y a moins d'une semaine. Je sanglote. Mes frères viennent me consoler. Le chaton grimpe sur le canapé, se dirige vers moi puis s'installe sur mes genoux, les pattes avant et arrière repliées sous son corps et la tête bien droite comme s'il montait la garde. Un vrai petit sphinx. À peine quelques secondes et j'entends un son rauque. Je glisse mes mains dans son pelage et voilà que le bruit devient plus intense et gagne en régularité. J'en ressens même les vibrations. Le chaton ronronne pour la première fois. Pour dissiper mon chagrin ? Mes yeux se remplissent de larmes. Elles ont le goût du bonheur, celui de la vie qui renaît. J'ai l'impression de flotter. Comment est-il possible de ressentir tant de malheur et de bonheur à la fois ?

Mon téléphone bipe. C'est Lou, ma fille de quatorze ans, qui m'envoie un SMS :

« Ça va, maman ? Tu tiens le coup ? Quand rentres-tu ?
— Dans une heure… et avec le chaton dont je t'ai parlé.

— Le petit tigré ? Celui qui veut toujours dormir dans la chambre de Pépi ?
— Oui. D'ailleurs, il est sur mes genoux.
— C'est vraiment vrai, tu reviens avec lui ?
— Je viens de le décider à l'instant.
— Trop hâte ! »

Quelques minutes plus tard, nouveau SMS de Lou :

« Papa voudrait que tu attendes l'enterrement avant de ramener le chaton, et puis…
— Et puis quoi ?
— Il trouve que trois chats, ça va faire beaucoup.
— Dis-lui que je rentre avec.
— Il n'a pas l'air content.
— Tant pis. »

Un chaton dans le taxi

J'ai emporté le chaton dans un vieux sac en cuir de maman et laissé la fermeture éclair à demi ouverte, mais il pousse avec sa tête et ne cesse de pleurer. Impossible de le calmer. Le chauffeur, casquette vissée sur le crâne, chemisette à carreaux et bras tatoués, intervient :

« C'est normal qu'il panique, votre chaton. Il est enfermé dans le noir et ne sait pas comment en sortir. Mettez-vous à sa place.
— Oui, vous avez raison.
— Excusez-moi, je ne veux pas être indiscret, mais je vous observe depuis tout à l'heure et je vous sens toute chamboulée. Je me trompe ?
— Non. Je reviens du funérarium où j'ai vu mon père et je n'ai pas supporté.

— C'est normal d'être choquée, on ne s'habitue jamais à la mort et encore moins aux morts. Et pourtant, j'en ai vu un certain nombre dans ma vie ! »

Ces quelques mots de compassion me font du bien, je décide de lui en dire un peu plus…

« En fait, je m'en veux aussi, car je n'ai pas été capable d'embrasser papa cet après-midi…
— Normal, faut pas vous culpabiliser pour ça.
— Et puis, mon mari n'est pas vraiment d'accord pour que je ramène ce chaton à la maison. On a déjà deux chats.
— Jamais deux sans trois, non ?
— Je ne pouvais pas m'en séparer, il fallait que je l'emmène. Je ne sais pas pourquoi…
— Vous, vous ne le savez peut-être pas. Mais votre âme, elle, le sait.
— Mon âme, avez-vous dit ?
— Oui, votre âme. Et ce chat vous donnera du bonheur, c'est certain. Vous avez vu, il ne miaule déjà plus. »

La course finie, le taxi s'arrête.

« Merci pour vos mots réconfortants, monsieur, ils m'ont soulagée.
— Tant mieux si j'ai pu vous consoler.
— Je peux vous régler par carte bancaire ?
— Non, c'est cadeau, la course. Vous avez eu une rude journée.
— Mais non. »

À peine la clé est-elle dans la serrure que ma fille ouvre la porte. Le chaton, lui, miaule de plus en plus fort.

« Papa vient de sortir, allez, vite, maman, libère-le du sac ! »

Alertées par les miaous aigus, mes deux chattes Duchesse et Cléo accourent et bizarrement chacune se replie à une extrémité du salon, scrutant le moindre mouvement de l'intrus. Je pose le sac au sol ; j'ouvre la fermeture éclair ; le chaton surgit et s'immobilise ; il fixe les deux chats et marche droit vers Cléo, la chartreuse de la maison qui vient à sa rencontre ; les voici museau contre museau comme pour se dire bonjour... ou se jauger. Duchesse, notre panthère noire parisienne, reste sur ses gardes, observant immobile la scène d'un œil critique. Le chaton explore ensuite les lieux à petits pas. Il ne semble pas apeuré et saute même sur la banquette. Ma fille le rejoint et le prend dans ses bras. Il se blottit dans le creux de son cou et s'endort aussitôt ; les émotions l'ont mis K.-O. Premières photos avec mon portable d'un chaton qui n'a toujours pas de nom...

« Tu sais, maman, on devrait l'appeler Mojo.
— Pourquoi Mojo ?
— Parce que ça porte chance et que les chats ont des pouvoirs surnaturels...
— Mojo ! Tu dors, bébé Mojo ? »

Le chaton entrouvre les yeux.

« Tu vois, maman, il répond déjà à son nom.
— Oui et ça lui va bien. »

Hugo, mon mari, rentre et m'étreint affectueusement. Pour l'amadouer, Lou a le réflexe de lui mettre le chaton entre les mains.

« Oh, mais c'est une toute petite boule de poils. T'en as, de beaux yeux bleus, dis donc !
— Tous les chatons naissent avec les yeux bleus, Hugo, mais ensuite la couleur peut changer. Comme pour les bébés !

— Dommage. Mais, Pauline, tu te rends compte qu'avec trois chats, il y aura trois fois plus de travail ? Trois fois plus de litières à changer, trois fois plus de pâtées à donner, trois fois plus de visites chez le vétérinaire, trois fois plus de... »

Je l'interromps.

« Je sais, mais je ne pouvais pas revenir seule ce soir.
— Ah oui et pourquoi ?
— C'est compliqué à t'expliquer. Vois-tu, je pensais m'être réconciliée avec les morts après le décès de maman, et pourtant revoir papa cet après-midi a été au-dessus de mes forces. Tout dans cette chambre transpirait la mort et j'en suis sortie en état de choc.
— Tes frères ne devaient pas être avec toi ?
— Si, mais ils sont arrivés en retard. Ensuite, quand nous sommes retournés dans la maison des parents, j'avais besoin de me raccrocher à la vie.
— Et la vie, c'était... ce petit chat ?
— Oh que oui ! Il est venu ronronner sur mes genoux comme pour me dire : "Tu sais, la vie continue..." Tu comprends maintenant ? »

Hugo me prend dans ses bras et sèche mes larmes.

« Bien sûr que je comprends. Enfin, pas vraiment... mais va pour un troisième chat ! »

Lou intervient :

« Mojo, tu es adopté par toute la famille. Remercie papa aussi !
— Tu as dit Mojo ?
— Oui, papa, c'est moi qui ai choisi ce nom ! Et tu sais, quelque chose nous a troublées, maman et moi, tout à l'heure...
— Quoi donc ?

— Lorsque le chaton est entré dans la maison, il n'avait pas du tout l'air effarouché. Il donnait même l'impression de déjà connaître le salon, la banquette, les meubles... C'est bizarre, non ?
— Bah, si vous le dites. Vous avez toujours de drôles d'idées ! »

La promesse du soir

J'arrive tremblante chez le vétérinaire. Mojo éprouve des difficultés à respirer.

« Quel âge a-t-il ? demande le docteur.
— Deux mois et demi. »

Il le pèse.

« À peine quatre cents grammes ! C'est clair, ce chaton est dénutri. Je vais devoir lui faire une prise de sang pour vérifier son état de santé. Et aussi l'endormir.
— L'endormir ?
— Oui, pour bien le piquer, car il est trop menu et risque de s'agiter.
— À propos, docteur, c'est bien un petit mâle ?
— Ah, non, je vous annonce que c'est une demoiselle !
— Mojo, une demoiselle ? Ça alors ! »

Je la prends dans les bras et lui dis tout bas :

« T'inquiète pas, je reviens très vite te chercher. »

Je repars plus tremblante encore. 15 heures, l'assistante du vétérinaire m'annonce au téléphone que les résultats sanguins sont bons, mais ajoute-t-elle, « le docteur a dû lui faire une autre piqûre pour booster son cœur et l'aider à se réveiller ».

À ces mots, je sursaute :

« Pour booster son cœur ? Parce qu'elle a failli mourir ?
— Mais non, rassurez-vous. C'est juste à cause de son poids qui est anormalement faible. Je vous appelle dès qu'elle se réveille. »

Et si Mojo ne se réveillait pas et s'endormait pour toujours ? Comme papa il y a quelques jours. Quand mon père s'est éteint, je n'étais pas auprès de lui et je ne veux pas que l'histoire se répète. J'ai l'étrange sensation qu'il y a un peu de papa dans ce chaton...

17 heures, mon portable sonne, c'est l'assistante du vétérinaire. Mon cœur s'emballe...

« Mojo est réveillée, elle va très bien.
— C'est elle que j'entends miauler ?
— Oui et on dirait même qu'elle vous appelle ! »

3

*Signes, c'est-à-dire non pas un alphabet
complet, et pas même un discours suivi.
Mais plutôt de ces signaux soudains
comme un regard que nous recevons
des événements, des livres et des choses.*

MAURICE MERLEAU-PONTY, *SIGNES*

Nous arrivons à Gordes. Enfin.

4 mars 2021

De surprise en mystère

Depuis des années que nous sillonnons la Provence, Hugo et moi avons toujours boudé ce village blotti entre le mont Ventoux et le massif du Luberon. Trop carte postale, trop instagrammable. Mais par ces temps de Covid où tous les bourgs que l'on traverse sont déserts, nous aspirons à retrouver un peu d'effervescence dans les rues du « plus beau village de France » selon les guides.

Nous dépassons la vallée du Calavon, quittons la route d'Apt et commençons la montée vers Gordes dans un paysage encore engourdi par l'hiver. Seul le vert profond des ifs et des cyprès défie le cycle végétal de la mort et de la renaissance ; telles des sentinelles immobiles, ces arbres laissent espérer aux hommes l'éternité. Espoir vain ; espoir quand même.

Encore quelques pas jusqu'à l'entrée du village quand, sur le mur d'une bâtisse, une photographie monumentale happe mon regard. Je ne vois plus qu'elle : dans un ciel gris, un homme de dos, cheveux blancs et pardessus noir, marche dans les nuages ; il tient une valise dans sa main gauche ; ses pieds ont déjà disparu dans une brume qui menace de l'engloutir. Cette image ou plutôt ce photomontage surréaliste « à la Magritte » me glace. Je détourne le regard, presse l'allure et rattrape Hugo qui, lui, peste de trouver porte close à la chapelle des Pénitents blancs qu'il voulait visiter.

« Hugo, elle ne t'a pas choqué, la photo sur la première maison du village ?
— Quelle photo ?
— Celle du vieux monsieur dans les nuages avec sa valise.
— Non, je ne l'ai pas vu, ton petit vieux…
— Avec tous ces morts de la Covid, bonjour l'accueil ! C'est franchement de mauvais goût, ça donne envie de repartir !
— Et ils sont où, les touristes ? Et les habitants ? »

Gordes paraît aussi dépeuplé que les autres villages. La faute à l'hiver qui n'en finit pas ou à la pandémie ? Aux deux, peut-être. Nous marchons désespérément seuls dans un dédale de calades, ces rues pavées de galets ronds qui descendent vers les lavoirs et les anciens moulins. Maisons aux volets clos, mais aussi galeries, boutiques, bars, restaurants, tous fermés. Pas gai. Hugo décide de remonter vers le château qui appartenait à Vasarely dans les années 1970. Et là encore, porte close. Pas drôle. Heureusement, nous trouvons la seule sandwicherie ouverte et improvisons un pique-nique en compagnie de notre ami le soleil venu apporter un peu de joie. Pour la balade, nous décidons de le suivre et nous nous engageons dans la rue Saint-Pons. « C'est bon signe, ajoute Hugo, c'est le saint qui a évangélisé la région au IIIe siècle… mais, hélas pour lui, il a fini décapité ! »

Nous voici devant un porche au fronton brisé surmonté d'une croix, c'est le cimetière. À droite de l'entrée, une parcelle attire notre attention. Une lumière voilée éclaire douze petites stèles en pierre blonde et, au coin de chacune, des touffes d'herbes comme des petits bouquets déposés par une main invisible. Au fond, la croix de Lorraine avec le V de la victoire. Nous sommes dans le carré des Fusillés érigé à la mémoire de douze résistants du maquis. Ils ont été tués les armes à la main ou arrêtés et fusillés par les nazis lors des derniers combats de l'été 1944 en Haute-Provence. Je remarque que chaque stèle est ornée de part et d'autre de petites ailes semblables à celles d'un papillon, comme si les âmes n'étaient pas vouées à rester sur terre. Me revient à l'esprit cette pensée que j'exprime à voix haute : « Ce qui est moi ira ailleurs. Terre, tu n'es pas mon abîme ! » Mon mari s'en amuse, car, dans ces moments-là, j'appelle toujours Victor Hugo à la rescousse !

Sans même nous l'avouer, nous sommes émus. Nous nous attardons sur les plaques, les noms, les âges, les origines des résistants, comme s'il s'agissait de proches.

« Hugo, viens voir, c'est complètement fou ! Regarde cette plaque ! »

Il lit :

À la mémoire de
Mino Julien
Né le 12 avril 1927
Fusillé par les Allemands
Le 9 juillet 1944
Mort courageusement
Pour la Libération

« 1927-1944. Dire qu'il est mort à dix-sept ans ! Pauvre gosse ! Il fêterait ses quatre-vingt-quatorze ans aujourd'hui.
— Tu ne remarques rien d'autre, Hugo ?
— Si, il est enterré aux côtés de son père. Et ils sont morts le même jour. Peut-être ensemble à la même heure !
— Regarde la date de naissance : 12 avril 1927, c'est celle de papa !
— T'en es sûre ?
— Mais enfin, comme si je pouvais oublier son anniversaire…
— Jolie coïncidence. Tu as l'œil !
— Tu appelles ça une coïncidence ?
— Ou le hasard si tu préfères. Prends une photo et on continue la promenade. Tu as vu, le ciel est bleu maintenant. »

Un papillon couleur citron volette autour de moi et me distrait, mettant fin à ma réflexion ; il s'éloigne puis se pose sur une branche de genêt. Jaune sur jaune, papillon sur fleur aux ailes de papillon… j'oublie le carré des Fusillés. Nous prenons un chemin sur la gauche qui grimpe ; bruyères et fougères se mêlent ou plutôt s'entremêlent à la rocaille. Hugo s'attendait à découvrir les bories, ces anciennes bergeries en pierre sèche, mais derrière les murs des propriétés se cachent des résidences secondaires, dont certaines avec piscine, pool house et caméras de surveillance… Il est déçu. Signe d'énervement, il regarde sa montre.

« Pauline, faut qu'on se dépêche si l'on veut visiter l'abbaye de Sénanque. Il est près de 16 heures.
— Ce n'est pas trop loin ?
— Non, juste à six kilomètres d'ici.
— Mais pourquoi es-tu si pressé ?
— Nous sommes encore en hiver et c'est bientôt l'heure des vêpres. »

Nous redescendons vers la place du Château par le chemin de la Gacholle puis celui de l'Hôpital. Soudain, sur un mur recouvert de lierre, un nom de famille écrit à la main sur une planche rongée par l'humidité me saute à la figure :

DESRUES
à 80 mètres

Il aurait été si facile de passer devant ce panneau sans le voir. J'ai du mal à en détacher les yeux et reste figée devant ce nom. Hugo s'en aperçoit :

« Quoi encore ?
— Mais c'est le nom de jeune fille de maman !
— Où ça ?
— Là sur ce panneau, regarde ! Tu te rends compte, je tombe sur la date de naissance de papa au cimetière et là, sur le nom de jeune fille de maman ! D'autant que Desrues n'est pas un nom très répandu en France.
— Prends à nouveau une photo et allons rencontrer ce monsieur ou cette madame Desrues. »

Nous faisons quatre-vingts mètres puis cent, hélas, il n'y a aucune maison au nom de Desrues.

Nous abandonnons de guerre lasse nos recherches. Et Hugo de s'étonner :
« Un panneau qui ne mène nulle part, pour le coup, c'est mystérieux...
— On va de bizarrerie en bizarrerie...
— Et ce n'est pas fini. Je ne sais pas pourquoi, mais tu verras, tu n'es pas au bout de tes surprises ! »

Même si mon mari s'impatiente, je ne peux quitter Gordes sans retourner voir la photo à l'entrée du village. Je découvre le titre de l'œuvre, *Le Charme de l'au-delà*, puis le nom du photographe, Gilbert Garcin. Une prémonition me fait capturer l'image avec mon portable comme s'il s'agissait d'un nouvel indice.

Les biches de l'abbaye

Nous filons vers Notre-Dame de Sénanque. La route ondule à travers maquis, taillis et futaies jusqu'à la Sénancole, capricieuse petite rivière qui donna son nom à l'abbaye. Nous la découvrons nichée au cœur d'un vallon entouré de collines boisées et sommes saisis par la beauté de l'édifice roman construit il y a neuf siècles par des moines cisterciens. Hugo râle de trouver porte close pour la troisième fois de la journée, il vient d'apprendre qu'aucune visite n'est possible en raison de travaux de restauration de l'abside.

Alors que nous marchons en bordure d'un champ de lavande, un moine en robe de bure écrue et scapulaire noir vient à notre rencontre. Il ressemble étrangement au moine de Lewis évoqué par Antonin Artaud : « *grand et svelte, aux gestes précis et à la voix forte* » avec « *un mélange singulier d'humilité et d'assurance* ». Le moine tient à s'excuser avant même qu'on ne le salue. La conversation s'engage sur la date de réouverture du monument, mais dérive très vite sur la vie à l'abbaye. Ils ne sont que cinq moines à y vivre et ils perpétuent les trois piliers de la règle de saint Benoît : « Notre devise est *ora et labora et lege*, car Dieu a voulu que l'homme prie, travaille de ses mains et lise les Écritures saintes. » Quand nous lui demandons pourquoi il est devenu moine, il semble montrer de la main une route imaginaire et cite le poète René Char, amoureux du Luberon et pourtant si peu croyant : « Pourquoi ce chemin plutôt que cet autre ? Où mène-t-il pour nous solliciter si fort ? » La réponse reste en suspens, car les cloches sonnent ; leur écho, qui a traversé les siècles, résonne dans le vallon. Elles appellent la communauté des moines à l'office des vêpres. « Navré, mais il m'est impossible de vous inviter à partager la messe », s'excuse le moine une nouvelle fois. Au même moment, des hirondelles fendent le ciel et virevoltent au-dessus de l'abbaye. Je ne peux m'empêcher de penser à papa qui aimait tant ces oiseaux annonciateurs du printemps. « Ce sont les messagers ailés du bonheur », disait-il.

Pas facile de quitter ce lieu hors du temps et pourtant il le faut. La nuit va bientôt tomber et nous sommes à une soixantaine de kilomètres de Vallabrègues, le village de nos amis au sud d'Avignon. Nous roulons à peine depuis quelques minutes quand, à un croisement, j'interpelle Hugo…

« Tu vois ce que je vois ?

— Non, quoi ?

— Ouvre les yeux, juste devant nous.
— Ah oui, les deux biches ! Elles sont magnifiques ! Qu'attends-tu pour les prendre en photo ? »

Ma main tremble, car un autre souvenir refait surface… C'était juste avant l'enterrement de papa en Lorraine. Une biche avait aussi surgi dans notre pré, m'avait regardée pendant de longs instants puis était repartie, bondissant de joie. Je suis si émue que je fais tomber mon téléphone qui disparaît sous le siège.

Mes yeux se troublent, je vois deux images se superposer : la biche de Lorraine et celles apparues devant nous. Je me ressaisis, parviens enfin à faire les photos et même à filmer la scène. Une voiture nous double, les biches ne s'effraient pas et demeurent à l'arrêt. D'un coup, la première détourne la tête et s'enfonce dans les taillis, la seconde la suit puis s'arrête à nouveau. Un dernier regard vers nous et elle disparaît. Ces quelques secondes empreintes de grâce et de mélancolie me bouleversent. Hugo redémarre.
« Quelle sacrée journée ! Tu vois, je te l'avais bien dit qu'il y aurait une surprise au bout du chemin.
— Tu as dit au bout du chemin ?
— Oui, pourquoi ?
— Parce que tout à l'heure le moine a parlé de chemin en citant René Char. Tu t'en souviens ?
— Oui, mais quel rapport ?
— Il est pourtant clair. On a semé trois indices sur mon chemin : la date de naissance de papa, le nom de jeune fille de maman et maintenant les deux biches.
— D'accord pour les trois indices, mais cela ne fait pas un chemin.
— Bien sûr que si et forcément cela me guidera quelque part. Sauf que je ne sais pas où… »

Hugo insiste pour en savoir plus, mais les émotions m'ont assommée.
« Tu m'en veux si je dors un peu ? »

J'ai à peine les yeux fermés que les mots cognent dans ma tête et les questions s'enchaînent : quelle était la probabilité de retrouver la date de naissance de mon père aujourd'hui ? Et si nous n'étions pas allés à Gordes ? Et si nous n'avions pas pris la rue à gauche du château ? Et si je n'étais pas entrée dans le cimetière ? Et pourquoi m'être penchée sur cette tombe plutôt qu'une autre ? Hasard, coïncidences, présages ?

Quand je me réveille, nous arrivons. Serge, notre hôte, a organisé un dîner avec ses amis d'enfance du village. L'ambiance est chaleureuse, les plats généreux et la discussion vive ; j'oublie presque tout de cette journée si singulière. À la fin du repas, Hugo annonce que demain nous mettrons le cap sur la Camargue et qu'il faudra se réveiller tôt. Nous montons deux étages et, d'emblée, nous nous sentons bien dans cette chambre aux murs épais blanchis à la chaux, et carrelée de tomettes rouges. Une seule petite fenêtre pour préserver du froid et de la chaleur l'été. Nous nous endormons vite.

Au milieu de la nuit, un filet de lumière blanche pénètre dans la chambre. Il me réveille et bizarrement je ne ressens aucune peur. Je me lève sans faire de bruit, me dirige vers la fenêtre et entrouvre les lourds volets en bois. La lune apparaît dans un ciel encre velouté. Elle brille d'une lueur chaleureuse, un cortège d'étoiles l'accompagne. Elle me regarde, je la regarde. Ses rayons caressent mon visage, sa lumière m'enveloppe et m'entraîne vers elle. J'entre dans son halo. Il n'y a plus qu'elle et moi, moi et elle dans un doux face-à-face. Maintenant, elle me parle et je l'écoute.

Dans les bras de la lune
Je ris
Au charme de l'au-delà
Je souris
Papa a retrouvé maman
Bientôt le jour se lèvera
Et je dirai *j'ai compris*

4

Ce monde à quoi
je fais face est très réel
(il est même intensément,
formidablement réel).
Pourtant, un chat y est
beaucoup plus qu'un chat !

STEPHEN JOURDAIN, *CETTE VIE M'AIME*

Flashback. J'ai quatorze ans et c'est le printemps.

Mai 1981
Papa le généreux

Mon boulot, seconder papa au premier tournoi de pétanque qu'il organise en ce troisième samedi de mai 1981. Depuis quelques années, mon père est président du club des boulistes du quartier Hérold au centre du Raincy et il en est fier. Et heureux, car il aime les retrouvailles avec les copains… d'autant que beaucoup croient à un avenir radieux après l'élection de François Mitterrand le week-end précédent !

Pour cette première journée de compétition, ciel bleu limpide et soleil au rendez-vous. Il est 10 heures du matin lorsque nous quittons la maison, un panier sous le bras dans lequel maman a soigneusement disposé deux sandwiches jambon-beurre aux cornichons, des œufs durs, un couteau suisse, une salière en plastique vert, une canette de bière et une gourde de limonade. Pour le dessert, des cerises burlat, mon péché mignon. Sur le trajet du boulodrome, papa est gai comme un pinson ! Il ne me le dit pas, mais il semble ravi d'être accompagné par sa fille dans ce club d'hommes ! À notre arrivée, les bénévoles sont déjà à l'œuvre et tous l'accueillent avec le sourire : « Antoine, on fait comment pour les parasols ? Qui apporte les micros et la sono ? Chef, on manque de sable… Et la photo de Mitterrand, on la met où ? » Papa aide à installer les tables d'inscription, mais aussi la buvette et le podium. Il vérifie les marquages au sol au centimètre près – douze mètres sur trois –, je me souviens encore de son visage penché sur un caillou importun. Il s'assure également que rien ne manque, tickets de participation, cochonnets neufs et réserve de boules, sans oublier les coupes pour les gagnants.

Cette année, c'est moi qui tiens la caisse, car la compétition est payante et les Raincéens doivent verser trois francs, histoire de donner à l'événement un peu de solennité. « Ce qui se paye a plus de valeur », aime à dire mon président de papa. Le soleil est à son zénith quand il propose à tous de s'asseoir pour déjeuner, car, dans une heure, il sifflera le coup d'envoi du tournoi. À peine installé, il reconnaît au loin une vieille connaissance, lui fait signe et l'invite à se joindre à nous. Il sort les sandwiches du panier, me tend le mien avant de rompre le sien en deux parts égales et fait de même avec son œuf dur. Personne ne comprend son geste jusqu'à ce qu'il offre la moitié de son repas à ce convive de dernière minute et continue comme si de rien n'était. Il se tourne alors vers moi et d'un air soudain sérieux me glisse : « Souviens-toi de ce geste, Pauline. Tu n'atteins le bonheur que s'il est partagé. »

À quatorze ans, cette remarque m'avait paru un tantinet compliquée… et je l'avais enfouie dans ma mémoire.

Mai 2021
Esprit de papa, es-tu là ?

Deux étés se sont écoulés depuis que mon père a rejoint maman, quarante depuis la partie de boules au Raincy.

Mojo, la petite tigrée, s'apprête à fêter son deuxième printemps. Elle a maintenant les yeux couleur grain de raisin et une fourrure beige grisée aux rayures ébène. Ce matin, elle est la première à se précipiter au petit déjeuner. Pendant qu'elle dévore ses croquettes, Cléo la chartreuse s'est invitée dans la cuisine et se poste à quelques centimètres en retrait ; Mojo la regarde puis s'écarte de son écuelle pour la laisser se régaler à son tour, se contentant de prendre les croquettes une à une avec sa patte gauche. Dans un silence ouaté, je les entends *croquetter* de concert. Parfois, la petite chatte relève la tête et jette un regard affectueux à son aînée qui feint l'indifférence. Tout dans l'attitude de Mojo montre combien elle cherche à célébrer leur fraternité ; même ses yeux semblent dire : « Mmmh, c'est si bon de manger ensemble ! »

Je ne peux m'empêcher de lui lancer : « Toi, ma petite Mojo, tu es comme papa, toujours prête à accueillir et à partager ! » Et entre deux tartines, je me dis qu'elle a bien plus qu'un unique trait de caractère en commun avec mon père. La même joie de vivre, la même gentillesse désintéressée... Lorsqu'elle fait un câlin à Lou, c'est avec une égale tendresse qu'elle vient immédiatement m'en faire un. Et à la moindre quinte de toux ou au moindre éternuement, ses oreilles se dressent, inquiètes. Elle m'interpelle alors par de petits miaulements, comme pour demander « Que t'arrive-t-il ? Ça ne va pas ? » Et je me dois de la rassurer : « Mais non, sois tranquille, je vais bien... » Je ressens à travers cette petite boule de poils l'aura bienveillante et protectrice de papa. Parfois, Mojo me fait rire aussi lorsque je la surprends et qu'elle sursaute en poussant de petits cris aigus. Et moi de me perdre dans les souvenirs joyeux quand je chahutais avec mon père et qu'il se tordait de rire. Dieu qu'il était chatouilleux !

Les après-midi dévoilent une autre ressemblance, leur amour pour la sieste ! De mes *aristochattes* – comme je les appelle –, Mojo est toujours la première à me suivre ! À peine suis-je couchée qu'elle est déjà blottie contre moi et ronronne la tête nichée sous mon menton. Et depuis quelque temps, je remarque un détail qui m'attendrit et me désarme : juste avant de s'abandonner au sommeil, elle pose sa petite patte dans le creux de ma main et pendant de longues minutes, patte et main restent jointes. Un acte d'amour qui me rappelle papa affaibli dans les derniers mois de sa vie lorsque je prenais sa main dans la mienne, paume contre paume, et lui murmurais : « Prends ma force, prends-la, tu en as tant besoin. » Ce même geste se perpétue avec Mojo, preuve invisible, mais irréfutable d'une transmission. Ah, j'oubliais aussi, tous deux ont le même compagnon, le soleil ! Comme lui, elle se délecte du moindre rayon.

Plus les jours défilent et plus je m'interroge sur cette connexion *spirituelle* et *symbolique* entre ces deux êtres que tout semblait séparer, et pourtant, c'est comme s'ils partageaient une même âme. Certes, Mojo est venue au monde quand lui a commencé à le quitter ; à deux mois déjà, elle n'avait de cesse d'aller se réfugier dans sa chambre, de grimper sur son lit, de monter sur ses jambes et de s'endormir avec lui. Parfois, papa la prenait dans ses bras et souriait. Lui apportait-elle un peu de joie et de bien-être ? Est-ce pour cela que je me suis raccrochée à ce petit félin, étincelle de vie, le jour où l'éternité l'a rappelé ?

Désormais, je comprends mieux mon attachement à Mojo et il me suffit de la regarder pour imaginer papa vivant. Sans bruit, elle est devenue ce maillon précieux qui relie l'existence à la mort et transforme une absence angoissante en une présence réconfortante. Aujourd'hui, je retrouve en Mojo la vie que papa chérissait tant. Il n'est plus là à mes côtés, mais son énergie demeure, un peu comme le chat du Cheshire – dans *Alice au pays des merveilles* – qui s'efface progressivement du paysage et dont seul le sourire subsiste…

Lorsque je confie à Hugo et Lou que je retrouve un peu de papa en Mojo, ils me sourient, l'un condescendant, l'autre dubitative. Difficile de leur tirer plus que « Ah bon ? » ou encore « Ah oui, tu le crois vraiment ? ». Leurs doutes font bien sûr résonner en moi une inquiétude : vais-je finir par croire à la réincarnation et à la transmigration des âmes d'un corps à l'autre ? Et me ruer sur tous les ouvrages qui traitent de la métempsycose, croyance selon laquelle l'âme d'un défunt peut renaître dans un corps animal ou végétal : « Ce qui a été renaît », disait Pythagore... mais je repousse cette éventualité et rejette tout dogme affirmant que papa se serait réincarné en Mojo ! Néanmoins, je cherche à comprendre pourquoi j'ai été assaillie par un sentiment – oserais-je le dire – de parenté entre papa et ce tout petit chat. Est-ce inconsciemment que j'ai projeté les traits de caractère de l'un sur l'autre ? Ou alors, est-ce le fruit de mes émotions ? Mais pour quelle raison ? Pour combler un manque affectif ? Me réconforter ? Par nostalgie des souvenirs heureux ? Je sens que je pourrais enchaîner les questions à longueur de journée ou aller chercher des réponses chez un psy, mais je ne m'y résous pas.

N'en déplaise à Descartes et Malebranche pour qui les sentiments et les impressions sont des « idées confuses » et les animaux des « machines » qui ne ressentent ni douleur ni plaisir, je pense exactement le contraire. Ce qui compte pour moi, c'est que l'esprit de papa perdure et que l'amour, la tendresse et la joie dont j'ai été entourée trouvent un nouveau souffle. Bref, que la vie continue. Et c'est dans ces petits moments offerts par Mojo que je puise force et sérénité. Le voilà, le bonheur.

5

S'il y a un passage,
il ne peut pas être visible.

PHILIPPE JACCOTTET, *CHANTS D'EN BAS*

Mais qui m'invite ?

Une nuit de septembre 2021

Je connais cette écriture et ces majuscules aux déliés élégants et pourtant je n'arrive pas à mettre un visage dessus. Cela fait si longtemps que je n'ai pas reçu d'invitation manuscrite… mais le maître des festivités n'a pas signé de son nom, pas même de ses initiales. Les amis qui m'attendent ont bombardé mon portable de SMS : « Pauline, tu t'es perdue ou quoi ? T'as oublié de venir ? Dépêche-toi d'arriver ! Ici, ambiance de folie ! » Moi qui réponds toujours, je laisse les messages s'accumuler…

La porte du loft est entrouverte. À l'intérieur, tout est blanc, murs, rideaux, mobilier, objets, lustres, hormis une immense toile rouge vermillon suspendue au-dessus d'une console. Un œil grand ouvert y est représenté et, dans la pupille, on aperçoit un homme tout de noir vêtu dont le corps renversé tourbillonne, bras et jambes désarticulés ; la tête aux cheveux emmêlés comme une gorgone paraît aspirée par le néant. Personne ne paraît prêter attention à l'œuvre qui couvre tout un mur. Les voix et les rires, eux, ricochent sur le tableau comme pour lui donner vie. Je frissonne et m'éloigne.

Autour de moi, des guirlandes de mains s'agitent et des dizaines de verres s'entrechoquent dans une chorégraphie qu'on croirait écrite. Que de monde, je peux à peine bouger ! Les corps se frôlent et ondulent sur les mix de la DJ, une *drag queen* aux mains et bras gainés de vert fluo, comme ses cils XXL. Elle se déhanche moulée dans une robe scintillante jaune poussin. À voir sa bouche rose fuchsia s'étirer comme un croissant de lune, on a l'impression qu'elle pourrait avaler la nuit, les danseurs, la musique… Des regards m'effleurent, mais quand je demande qui est notre hôte, je vois les yeux s'écarquiller et les lèvres rester closes. Tout à coup, je crois reconnaître deux copains d'enfance, des Vosgiens… Oui, c'est bien eux, Hubert et Lucky ! Mais qu'est-ce qu'ils font ici ? Ils semblent avoir dix-huit ans, l'âge où l'on allait danser l'été de village en village. Je dois avoir la berlue, quelque chose ne va pas… voilà que j'aperçois maintenant monsieur Kubler avec sa chemise à carreaux et ses larges bretelles. Il habitait la maison en face de celle d'Hubert. Je me faufile dans la foule pour les rejoindre. C'est alors qu'un homme surgit précipitamment et me bouscule. Quelle brute ! Et il ne s'excuse même pas ! Il a fait valser ma pochette et mon portable jusqu'au coin opposé du salon. Quand je me baisse pour les ramasser, on m'interpelle…

« Pauline ? »

Les bruits de la fête se sont brusquement tus, laissant flotter dans l'air une voix étrangement familière qui me trouble. Je lève les yeux, incrédule.
« Papa ? C'est toi ?
— Oh, ma fille ! Quel bonheur de te retrouver !
— Mais papa, tu me reconnais ? Parce que, tu sais, dans les derniers mois de ta vie, tu... »

Il m'interrompt.
« Il ne manquerait plus que ça que je ne reconnaisse pas ma propre fille. Je suis heureux, tellement heureux, de te revoir !
— Et moi donc, papa, mais c'est incroyable de te rencontrer ici... »

Il me serre dans ses bras, prend mon visage entre ses mains et me couvre de baisers sur le front, les joues, le cou. Sa chaleur m'enveloppe, je sens son souffle sur ma peau. Il est vivant. Si vivant. Et si jeune, il doit à peine avoir cinquante ans dans sa chemise blanche et son costume cigarette que je reconnais ; il le portait le jour de ma communion solennelle. Sur le revers de son veston, une broche, un petit scarabée doré qui brille. Jamais vu. J'ai à peine le temps de lui demander comment il va que sa réponse fuse :
« Oh moi, je vais très bien, je suis très entouré et puis, tu me connais, je déteste rester immobile. Je bouge tout le temps...
— Mais que fais-tu ?
— Je suis très occupé, je n'ai pas une minute à moi. D'ailleurs, je ne peux pas rester, faut que je parte... dit-il, accompagnant ses paroles de gestes saccadés.
— Partir alors qu'on vient juste de se retrouver ?
— Oui, ma fille, faut que je m'en aille.

— Mais où ça, papa ? Tu vas rejoindre maman ? Dis-moi si elle va bien au moins. »

Il n'entend plus. Ne répond plus. Ne me regarde plus. Il m'a déjà tourné le dos et marche d'un pas mécanique vers le mur blanc. Une déchirure commence à s'y dessiner. Elle serpente lentement depuis le plafond et s'élargit insensiblement. Soudain, une lumière opaline inonde l'espace. Les fêtards se sont figés, comme frappés par un sortilège. Une jeune femme, la main en suspens dans ses cheveux, semble vouloir repousser une mèche rebelle ; une bande d'amis, verres inclinés près de leurs lèvres, portent un toast qui n'en finit pas ; un homme et une femme, leurs visages souffle contre souffle, n'arrivent pas à s'enlacer... Papa s'éloigne. Mes yeux s'affolent, s'accrochent pour le retenir, mais sa silhouette n'est plus qu'à quelques centimètres de la déchirure qui ressemble désormais à une meurtrière. Je pense : « Lui pourra passer, pas moi. » À l'idée de le voir disparaître, je me mets à hurler :
« Papa, je t'en supplie, reviens ! Tu m'entends, papa ? »

L'écho de ma voix rebondit contre le mur et dans un ultime sursaut désespéré, je crie :
« Tu ne m'as même pas donné des nouvelles de maman ! »

Mes mots se fracassent dans le vide. Papa, lui, a continué d'avancer tel un automate et s'est glissé dans la meurtrière avec une aisance sidérante ; j'aperçois encore un bas de pantalon, le talon d'une chaussure... et puis, plus rien. Il est passé de l'autre côté. La déchirure dans le mur s'est refermée, effaçant toute trace de son passage. La musique reprend ;

la *drag queen* se déhanche à nouveau ; les rires et les conversations emplissent l'air. La fête s'emballe.

La clarté de l'aube perce les rideaux. Je me réveille. Cette nuit, j'ai retrouvé papa. Peut-être a-t-il ressenti ma douleur et est-il venu me réconforter ? J'étais si meurtrie d'avoir manqué cet instant où la vie l'a quitté. Même si papa m'a fait comprendre qu'il vit désormais dans un autre monde, il a fait vibrer en moi une parole d'espérance : « Pauline, je suis là, mais ailleurs. » Ce rêve, je veux le garder vivant comme cet oiseau tombé du nid qu'il avait un jour mis dans la paume de ma main. C'était un petit moineau et moi, encore une enfant.

Les morts gouvernent-ils les vivants ?

L'indicatif du téléphone indique le 32, tiens, un appel de Belgique ! C'est sans doute le rédacteur en chef de la revue bruxelloise à qui je dois rendre les douze feuillets promis avant la fin du mois. J'ai accepté d'écrire un article sur le deuil et la place des morts dans les sociétés contemporaines… *Illico presto*, je replonge dans les lectures déjà parcourues, notamment Diogène, que Platon considérait comme « un Socrate devenu fou ». Il faut dire que le philosophe, impénitent provocateur, s'était autoproclamé *« citoyen du monde »*. Cependant, tout ce que nous savons de lui provient de propos rapportés au IVe siècle avant Jésus-Christ, car on ne dispose d'aucun écrit de sa main. Diogène avait choqué les Athéniens en demandant à ses disciples qu'après sa mort, son corps soit jeté dans la nature afin qu'il soit dévoré par les bêtes sauvages. Pour ce matérialiste pur et dur, un enterrement était un non-sens.

Selon lui, une dépouille mortelle ne méritait pas d'être honorée, car, sans l'esprit qui l'animait, l'enveloppe corporelle n'était rien d'autre qu'une charogne… Diogène n'était pas à un scandale près : il se déplaçait souvent nu, vivait dans une jarre et dénonçait sans relâche le luxe, l'argent, le mariage, les conventions, la gloire et le sacré… Dommage que son dialogue *Sur la Mort* ait disparu !

Je consulte ensuite mes compagnons en oraison funèbre que sont saint Ambroise, saint François d'Assise, Ignace de Loyola, l'abbé de Saint-Cyran et le magistral Bossuet. Puis, je décide de finir mes lectures en m'imprégnant des esprits libres que furent Denis Diderot et Auguste Comte, fondateur du positivisme et auteur de formules qui m'intriguent : « L'humanité se compose de plus de morts que de vivants » et « les morts gouvernent les vivants ». Pour cet anti-Diogène, aucun être n'existe sans la lignée de ses ancêtres et l'humanité doit reconnaître ce qu'elle doit au passé. Cet apôtre de la raison et des sciences exactes rend, en plein XIXe siècle, un hommage inattendu à la tradition et aux rites funéraires. Impossible de conclure mon article sans consulter l'ouvrage récent de Thomas W. Laqueur, *Le Travail des morts, une histoire culturelle des dépouilles mortelles*. En près de huit cents pages, l'auteur démontre que « les morts font la civilisation » et que leur célébration impacte nos vies d'un point de vue historique, philosophique et anthropologique, car chaque époque définit un « rapport à la mort » bien particulier : tantôt intime et cérébral, tantôt codifié et cérémonial, mais toujours respectueux. L'historien américain, pour qui l'inhumation demeure un marqueur de l'humanisme, s'interroge sur le devenir de cette valeur en l'absence de ce qu'il appelle le « travail des morts ». Il prédit même un « désenchantement du monde » provoqué par la disparition des cimetières et le recours croissant à la crémation comme rite funéraire…

Un autre essai retient mon attention, *L'Homme et la mort* du philosophe et sociologue Edgar Morin. Dans cet essai publié en 1951 alors qu'il n'a que trente ans, il introduit l'idée que la mort et la vie ne sont pas antagonistes, mais fondamentalement complémentaires, même si la première reste « un scandale ». Il pressent que l'amortalité, c'est-à-dire le fait de toujours repousser les limites de la médecine et de la biologie, va remplacer le vieux concept d'immortalité. À ma grande surprise, je découvre qu'il ajoute en 1970 un nouveau chapitre dans lequel il évoque une expérience personnelle. Il révèle avoir vécu, je le cite, « un événement stupéfiant en moi-même, dénouement intérieur du cataclysme de mes dix ans », mais il refuse d'en dire plus. Voilà qui éveille ma curiosité, mais mes recherches s'avèrent infructueuses. C'est alors qu'un SMS de mon amie Noëlle fait irruption sur mon portable :

« Toi qui écris un article sur la mort, faut que tu lises l'interview d'Edgar Morin dans le journal *Le Monde* d'hier. Ça va te faire réagir… »

« *Ma mère s'appelait Luna…* »

Déjà, le titre de l'entretien me surprend : « Pendant toute ma vie, j'ai rêvé de ma mère ». La suite me captive. Edgar Morin révèle pour la première fois – alors qu'il célèbre son cent unième anniversaire ! – que son père lui a caché la mort de sa mère survenue lorsqu'il avait dix ans. Une mère qu'il « adorait au point de ne pas aller à l'école pour pouvoir rester auprès d'elle », lui, son unique enfant. Il poursuit : « Son cœur s'est arrêté dans un train qui arrivait gare Saint-Lazare et on ne m'a rien dit. Mon oncle Joseph est venu me chercher à l'école en expliquant que mes parents étaient partis en cure. Le jour de l'enterrement, mon père est venu me voir, entièrement vêtu de noir. Quand je l'ai vu, j'ai compris. » Il a certes « compris », mais ce souvenir d'une mort taboue a provoqué un traumatisme qui s'est prolongé bien au-delà de l'enfance : « Ma mère s'appelait Luna. Longtemps, je l'ai identifiée à la lune, à la déesse Astarté que prie Salammbô, et, à chaque pleine lune, je lui rendais un culte. Encore aujourd'hui, pendant les moments de tristesse, son souvenir revient. De sa mort, je ne me suis jamais remis. Et, pendant toute ma vie, j'ai rêvé d'elle. »

Jusque-là, l'entretien m'intéressait d'un point de vue professionnel, mais la suite me bouleverse : « En 1969, je vivais en Californie… J'avais invité mon père et ma tante à me rejoindre. La veille de leur arrivée, je rêve que je me trouve au bas d'une colline et qu'apparaît un bus au sommet de celle-ci. Des dizaines de gens en descendent et marchent vers moi. Brusquement, parmi eux, je vois ma mère. Nous courons l'un vers l'autre, et nous nous embrassons. Puis elle me dit : "Je ne peux pas rester, je dois prendre le train." Je me réveille en larmes. Mais, aussitôt après, je me sens soulagé parce que j'ai enfin pu lui dire au revoir. » Je suis stupéfaite, émue aux larmes par la lecture de ces quelques lignes.

Les confidences d'Edgar Morin résonnent si profondément avec le rêve que j'ai fait de papa il y a un mois que j'en tremble. Les similitudes sont frappantes : comme la mère du philosophe, mon père m'apparaît au milieu d'une foule ; tous deux nous prennent dans leurs bras et nous embrassent ; plus troublant encore, ils semblent pressés de nous quitter et prononcent les mêmes mots, « Je ne peux pas rester » ; puis ils nous quittent sans dire où ils vont. Et comme Edgar Morin, j'ai ressenti un immense soulagement au réveil, car j'avais enfin pu dire au revoir à papa ! Je mets plusieurs minutes à reprendre mes esprits.

L'interprétation de ces deux rêves me semble évidente, peut-être trop : ils clarifient, consolent, libèrent et transforment nos larmes en joie. Mais comment est-ce possible pour Edgar Morin, philosophe matérialiste et athée qui répond non lorsqu'on lui demande s'il croit à la vie après la mort ? N'empêche qu'il a vécu dans l'intimité d'une défunte et a parlé avec elle dans ses rêves les plus secrets. C'est plus qu'un aveu : c'est la preuve que l'irrationnel et l'inconscient ont bel et bien leur place dans nos sociétés modernes. Et nous ne pouvons plus nous contenter de les tolérer de manière honteuse ou coupable. « J'ai le sentiment permanent du mystère de toute chose, de l'incompréhensible », avoue le philosophe… à cent un ans !

Deux jours ont passé. Merci, Edgar Morin ! Grâce à vous, j'ai trouvé le titre de mon article : « Quand la mort réveille l'humain en nous ». Toute tentative d'éradiquer la mort au XXIe siècle est non seulement une régression, mais une forme de violence. Pire, le signe d'une barbarie à venir. Le sentiment d'humanité ne naît pas seulement du dialogue avec notre prochain, il émane aussi d'un impérieux devoir de mémoire envers ceux qui nous ont précédés et façonnés. « Vivre de mort, mourir de vie », disait Héraclite… Un éternel va-et-vient que peu de nos contemporains ont envie d'entendre, j'en ai bien peur.

6

Je ne puis rester très longtemps
sans parler des bêtes.

COLETTE, *PARIS DE MA FENÊTRE*

Cléo, la chartreuse, bondit sur la bergère du salon.

Novembre 2022
Et si un chat était plus qu'un chat ?

Un rayon de soleil l'éclaire. Accord parfait entre le gris bleuté de son pelage et le vert anis du fauteuil. Puis, avec une grâce nonchalante, elle s'assied contre le dossier, ses pattes postérieures élégamment croisées et la patte antérieure droite posée sur son ventre. Je l'observe et m'étonne de son attitude particulièrement humaine. Ce n'est pourtant pas la première fois que je la surprends dans des poses incongrues pour un chat. À cet instant, l'image de ma belle-mère Lily surgit. Je la revois, assise chez elle dans cette même bergère, les jambes croisées, si distinguée. Cette vision me trouble, mais Cléo réapparaît aussi vite devant mes yeux, le regard interrogatif : « Qu'y a-t-il ? Pourquoi me regardes-tu ainsi ? »

J'entends la clé qui tourne dans la serrure de la porte d'entrée. C'est Lou qui arrive…

« Ça va, maman ? Tu as l'air bizarre.

— Je viens de remarquer quelque chose.

— Quoi donc ?

— Regarde Cléo dans la bergère. Elle ne te rappelle personne ?

— Non, c'est juste qu'elle a souvent des attitudes plus humaines que félines, c'est tout.

— Regarde la façon dont elle croise ses pattes.

— Oh non, maman, tu ne vas pas recommencer ! Ne me dis pas que tu vois Lily dodo en Cléo ? *(Lou ne peut s'empêcher d'appeler sa grand-mère comme elle la nommait quand elle avait trois ans.)*

— Tu vois, tu as reconnu spontanément ta grand-mère !

— Maman, STOP ! Arrête ton délire. Déjà que tu m'as dit que tu voyais Pépi dans Mojo !

— Mais, Lou, admets que Cléo a des points communs avec elle, à commencer par l'amour des chaussures. Ta grand-mère en faisait presque collection !

— Oui, c'est vrai qu'elle ne peut pas s'empêcher de glisser ses pattes dans tes escarpins ou mes mocassins. Mais de là à croire que Lily dodo s'est réincarnée en elle, tu abuses un peu, non ?

— Cléo raffole aussi de la fourrure. Elle s'est bien approprié les deux petits sacs que j'avais confectionnés pour ton dixième anniversaire, non ?

— Ça, oui, elle me les a carrément piqués ! D'ailleurs, chaque fois que je la vois arriver dans ma chambre avec la bandoulière dans la gueule, je lui dis : “Cléo, la Fashion Week, c'est fini !”

— Et puis, cette chatte adore se prélasser dans des draps de lin, tout comme Lily dodo aimait le beau linge. Il suffit que j'en étale un sur la banquette pour qu'elle s'y allonge aussitôt : sur le dos, le ventre, le côté… en insistant pour qu'on l'admire.
— *(Lou lève les yeux au ciel.)* C'est quand même pas Marilyn Monroe !
— Reconnais qu'elle a aussi son caractère.
— Le caractère de Marilyn ?
— Lou, arrête de faire semblant de ne pas comprendre. Cléo a le tempérament de ta grand-mère, indépendante et lunatique ; parfois joyeuse, parfois ronchonne. Et comme Lily dodo, cette chatte a besoin de se sentir aimée, et c'est touchant.
— J'ai une question à te poser, maman.
— Oui, laquelle ?
— Si tu vois Lily dodo en Cléo et Pépi en Mojo, alors Duchesse, c'est qui pour toi ?
— Eh bien, justement, dans Duchesse, je retrouve Mémi.
— Ta maman donc ?
— Oui.
— Bon, eh bien, puisque tu as ressuscité mes deux grands-mères, moi je vais me pencher sur « La résurrection du Christ dans l'art roman ». Et c'est pas un *joke*, c'est le titre de mon exposé de demain pour la fac.
— Vu l'heure, tu auras besoin d'un miracle pour t'en sortir !
— Et toi, d'une consultation ! Je veux bien être ton psy, mais demain. Tu me parleras de Duchesse et de Mémi… »

Lou s'en va en riant.

Merci Colette

Cléo quitte brusquement la bergère. Absorbée dans mes pensées, je prends sa place sans m'en apercevoir. Lou a raison : chercher à tout prix l'humain dans l'animal a un côté absurde et l'excès d'anthropomorphisme peut vite devenir risible. Et pourtant, c'est exactement ce que je fais avec mes chats !

Pendant des mois, je me suis donc sentie incomprise jusqu'à ce que je relise les romans de Colette, la plus iconique des écrivains animaliers. L'amoureuse des chats prêtait une âme et des traits humains aux félins. Dans *Claudine à Paris*, au lieu de *patte*, elle évoque la « petite main » de Péronnelle. Elle évite aussi de dire *pelage* quand elle décrit Beni, un chat angora dont « la robe foisonnait en boucles sur sa poitrine ». Dans *La chatte*, elle s'apitoie sur Noire du Voisin qui « ferme les yeux et palpite des narines comme un être humain qui se retient de pleurer » quand elle perd ses petits. À l'inverse, l'écrivaine attribue à ses personnages des caractéristiques et des attitudes félines. Elle évoque le « nez de chat » de la cruelle Alice dans *Duo* et compare les yeux verts de Fanchette la minette à ceux de Mademoiselle Aimée gratifiée d'une « nature de chatte caressante, délicate et frileuse, incroyablement câline ». Colette crée ainsi un imaginaire où humanité et animalité s'entremêlent et je me reconnais dans cette symbiose poétique qui assigne aux animaux des réactions humaines. Je m'efforce néanmoins de préserver aux animaux leur singularité, leur animalité. Après tout, il est important qu'un chat reste un chat ! Je rejette par la même occasion toute idée de métempsycose, théorie selon laquelle, de génération en génération, les défunts se réincarnent dans les mondes animal ou végétal. Non, je n'imagine ni mon père réincarné en Mojo, ni ma belle-mère en Cléo et pas plus maman en Duchesse !

Ce qui m'apparaît, c'est simplement la manifestation que la vie se poursuit au-delà de la mort. Que les disparus puissent nous envoyer des signes au moyen de nos animaux de compagnie ne me choque pas et – à mon sens – ne devrait choquer personne. Ouvrons plutôt notre cœur. Soyons attentifs à ces messages qui font du bien et écoutons Rainer Maria Rilke dans ses *Lettres à un jeune poète* : « Donnez toujours raison à votre sentiment, à vous [...] Eussiez-vous même tort, le développement naturel de votre vie intérieure vous conduira lentement, avec le temps, à un autre état de connaissance. »

Ces signes nous menant *à un autre état de connaissance* me ravissent, car ils ouvrent les champs du possible. Les indices d'une présence ne sont pas seulement une plume qui tombe à nos pieds, un oiseau venu toquer à la fenêtre ou une coccinelle se posant sur notre main... ils se révèlent parfois plus subtils ou même voilés : une chanson à la radio, un parfum familier, un galet sur une plage, une caresse effleurée... Tout est signe ; il suffit d'ouvrir les yeux et son cœur et de se rappeler que ce qui n'est plus peut toujours être. Et qu'importe si l'on me traite d'allumée ! Mais quel bonheur de ressentir, ne serait-ce qu'un instant, la présence de l'être qui nous a quittés. Une chose est sûre : depuis l'enfance, j'entretiens un lien particulier avec les animaux. Et je ne suis pas la seule...

Combien de compagnons à plume et à poil ai-je eus dans ma vie ? Le premier fut un chat noir rapporté du marché dans une corbeille par maman. Ce chaton devenu « un beau greffier » selon l'expression de mon père était à la fois débrouillard, chasseur agile et d'une tendresse infinie. J'avais six ans quand notre histoire a commencé et bizarrement je lui avais donné le nom de Pitouf, celui de ma poupée préférée. Il dormait presque toutes les nuits avec moi, s'étendant de tout son long, la tête enfouie dans le creux de ma gorge. Papa craignait qu'il ne m'étouffe tant il était costaud. Et si aujourd'hui je parle *la langue chat*, c'est grâce à Pitouf ! Nos miaulements respectifs, plus ou moins courts et plus ou moins aigus, ont rythmé toute mon adolescence. À la maison, nous avons aussi eu Fifi et Mimi, des serins au plumage jaune vif, puis un couple de perruches et Ziggi, le canard qui vivait dans notre cour et dont le coin-coin matinal nous réveillait. J'ai également rapporté une grenouille nommée Croa des Vosges où nous passions nos vacances à Kruth au pied du Frenz. Là-bas, une chienne a beaucoup compté pour moi entre mes huit et mes dix-huit ans, elle s'appelait Judith, une épagneule aux yeux couleur d'automne et au pelage noir. Elle appartenait à notre voisin, monsieur Kubler, un Vosgien au doux regard toujours vêtu d'une chemise à grands carreaux et de larges bretelles… sauf *le jour du Seigneur* comme il disait. Notre maison perchée sur une colline surplombait celle des Kubler et, dès que la chienne m'apercevait, elle se précipitait à travers le trou du grillage et franchissait les massifs de framboisiers et de groseilliers de leur jardin pour me rejoindre. Monsieur Kubler soutenait que, plusieurs jours avant notre arrivée,

Judith fixait notre maison, guettant mon retour. Dès notre arrivée, ma plus grande joie était de l'appeler et de la voir accourir… Et comment oublier ce petit être délicieux qui a tant marqué ma vie, Pip, un moineau tombé de son nid que j'avais recueilli, nourri et éduqué ? Il vivait en liberté dans la maison et volait vers moi à mon retour du collège. Il se posait sur mon épaule et gazouillait comme pour raconter sa journée. Pendant les repas, il se perchait sur le bord de mon assiette, picorait quelques miettes et buvait de petites gorgées d'eau dans mon verre. La nuit, il dormait dans ma chambre et je sentais parfois une petite boule chaude près de mon visage. Un jour, il a préféré la liberté et j'ai eu du mal à m'en remettre. Je me demande encore aujourd'hui s'il a été plus heureux dans sa vie d'après… Sans moi.

C'est durant cette partie de ma vie – jusqu'à mes dix-huit ans – que j'ai appris à mieux comprendre le comportement des animaux. Ou plutôt la relation qu'ils entretiennent avec les humains. Aujourd'hui, c'est grâce à Pitouf, Judith, Ziggi, Pip, Croa, Fifi et Mimi que je vois ce que certains méconnaissent ou préfèrent ignorer. Et il n'y a aucune prétention dans cette affirmation. Les signes, il faut non seulement les cueillir quand ils surgissent, mais aussi les accueillir avec bienveillance.

Le lendemain, 19 heures
Séance psy-chat sur le divan

La chatte quitte les bras de Lou et saute sur une sellette en bois. Duchesse, robe noire et yeux verts traversés par la lumière, se tient aussi droite

qu'une statue égyptienne. Ma fille lui fait face et, sur le ton de la confidence, lui susurre :
« Duchesse, faut que je te révèle un secret, maman voit en toi sa propre mère. T'en penses quoi ? »

S'ensuit un échange de miaulements, car Lou maîtrise également la langue chat. À se demander de qui elle tient ce talent ! Puis, se tournant vers moi :
« Maman, allonge-toi sur la banquette et moi je vais m'asseoir sur la bergère. On va éteindre la lumière et ne laisser qu'une petite lampe allumée pour faire ambiance *psy*.
— Non, Lou, c'est trop grand guignol !
— Pas du tout. Je te l'ai dit hier que je voulais être ton psy, alors joue le jeu !
— Bon, si tu veux. D'autant que ton papa ne rentrera pas dîner ce soir. Mais franchement, cette séance est… ridicule !
— Ne t'inquiète pas, le ridicule n'a jamais tué personne ! Tu es prête ?
— Si on veut…
— Alors, madame, dites-moi pourquoi vous avez le sentiment de retrouver la présence de votre mère chez cette chatte ?
— T'es obligée de me vouvoyer ?
— Poursuivez.
— Il y a chez Duchesse cette douceur mêlée d'autorité qui faisait le charme de maman. Et puis, cette droiture aussi.
— Mais encore ? Soyez plus explicite.
— Maman avait un instinct maternel très développé et Duchesse est une vraie chatte mère. Une maman chat si tu, heu, si vous préférez.

— Là je ne vous suis plus... Duchesse n'a jamais eu de petits, comment pourrait-elle être maternelle alors ?
— Maternelle dans le sens de protectrice. Comme maman. D'ailleurs, la nuit, Duchesse s'installe sur mon dos et veille sur mon sommeil, plus à la manière d'un sphinx qu'à celle d'un ange gardien. J'ai l'impression qu'elle veut me préserver des dangers...
— Des dangers ? Lesquels ?
— Elle me défend contre les ombres invisibles que seuls les chats peuvent détecter.
— Intéressant. Les ombres vous font-elles peur ?
— Certaines, oui. Oserais-je vous dire qu'au petit matin sa langue râpeuse effleure parfois mon visage, mon front, mes joues...
— Et ça ne vous dégoûte pas ?
— Elle n'a pas toujours bonne haleine, mais il y a tant d'amour et de dévotion dans sa façon de vouloir me toiletter que je n'ose pas la repousser...
— Quoi d'autre encore ?
— Lorsque je suis triste, elle le capte et ne me quitte plus. Et dans ses yeux, je lis une question : "Qu'est-ce qui ne va pas ?" Elle redouble alors de câlins. Vous savez, ces derniers temps, j'ai aussi remarqué...
— Oui, je vous écoute toujours.
— Voyez-vous, Duchesse a pris l'habitude de poser sa patte sur mon bras.
— Intéressant. Et comment interprétez-vous ce geste ?
— Pour moi, c'est maman qui me transmet un message...
— Un message, mais lequel ?
— Je suis là. Je serai toujours là pour toi. »

Soudain, la porte d'entrée claque et Hugo nous découvre toutes les deux dans l'obscurité.
« Mais pourquoi n'allumez-vous pas ? Et toi, Pauline, que fais-tu allongée sur la banquette ? Tu ne te sens pas bien ?
— Mais tu n'avais pas un dîner ? dis-je en me redressant, un peu gênée.
— Non, il a été annulé. Et c'est tant mieux.
— Papa, je t'annonce que maman a consulté un psy !
— Un psy ? Mais qui ?
— À ton avis ? »

7

Vois le soleil. Regarde la lune
et les étoiles. Contemple la beauté
des verdures de la terre.
Maintenant, réfléchis.

HILDEGARDE DE BINGEN, *LE LIVRE DES ŒUVRES DIVINES*

Aujourd'hui, « le ciel est joli comme un ange », me glisse Arthur Rimbaud à l'oreille, et je me sens aussi légère qu'un papillon.

Juin 2023
Comment jardiner sa vie

J'ai toujours aimé le mois de juin, promesse de l'été… Christophe, mon cousin chez qui Hugo et moi séjournons pour la Saint-Jean, nous propose de découvrir « le jardin extraordinaire » d'un ami parisien devenu bourguignon de cœur. Nous sommes en Puisaye, dans le pays de Colette.

Gaspard, silhouette longiligne coiffée d'un chapeau de paille légèrement incliné, nous accueille avec un sourire chaleureux. Son tablier rayé de vert et de beige laisse entrevoir un sécateur et une binette et ses pieds sont chaussés de bottines en caoutchouc couleur sapin. Des mains gantées de rouge carmin et une démarche nonchalante lui donnent une allure de poète, mais la précision de ses gestes révèle un authentique maître jardinier. Avec une charmante retenue, il s'essuie le front et s'excuse de ne pas être présentable. Deux amis – un couple de jeunes professeurs de Saint-Fargeau – nous rejoignent et voilà que nous sommes cinq à suivre Gaspard. Dès la première allée, c'est une symphonie ou plutôt une explosion de couleurs. Les fleurs respirent la liberté et s'épanouissent avec une simplicité désarmante. Alors que chacun y va de son compliment, notre hôte se saisit d'un livre posé sur un muret et appelle Marcel Proust à la rescousse : « Le véritable voyage de découverte ne consiste pas à chercher de nouveaux paysages, mais à avoir de nouveaux yeux. » Je vois que la citation provient d'un vieil exemplaire de « La Prisonnière », tome cinq d'*À la recherche du temps perdu*, mais déjà Gaspard poursuit : « Je vous appelle à contempler ce jardin avec de nouveaux yeux. Et surtout, faites silence et écoutez la nature vous parler… », prévient-il en caressant une rose pourpre. J'entends Hugo grommeler : « C'est quoi, cette histoire de nouveaux yeux ? »

Gaspard a beau être un tantinet sentencieux, son jardin est féerique, on croirait déambuler dans la toile d'un peintre impressionniste. À se demander s'il n'a pas puisé son inspiration dans des peintures d'Auguste Renoir comme *Femme à l'ombrelle dans un jardin* ou *Le Jardin de la rue Cortot, Montmartre*. D'ailleurs, à bien le regarder, notre hôte pourrait lui ressembler… sans la barbe. Là-bas au fond du jardin, des roses anciennes exhalent des parfums poudrés tandis qu'ici un massif de pivoines – les dernières de la saison – décline une palette de teintes de rose, allant de la plus claire à la plus foncée... Et notre maître jardinier de dégainer une nouvelle citation :

« Mais trois pétales de pivoine
Sont venus comme de belles dames
En robe de satin grenat... »

Alors que nous le regardons d'un air interrogateur, lui s'étonne que nous n'ayons pas reconnu *Poèmes à Lou* de Guillaume Apollinaire. Nous poursuivons la visite et sommes maintenant baignés de couleurs parme et violet ; les clochettes des ancolies et des campanules apportent une touche de légèreté parmi les agapanthes aux longues tiges frêles. Dans un dernier parterre, un méli-mélo de fleurs aux pétales jaune, or et orange compose une tapisserie *millefleurs*. Chaque plante porte un nom savant que le maître jardinier se plaît à énumérer : des coréopsis, des hémérocalles, des anthémis, les cousines des marguerites. Nous sommes tous perdus dans nos pensées... Comment ce joyeux désordre a-t-il pu être orchestré si parfaitement ? Et pourquoi ce paysage façonné par des mains humaines reflète-t-il si bien la spontanéité de la nature ?

Soudain, Gaspard s'emporte. Véhément, il nous demande si les hommes savent encore contempler la nature au XXIe siècle. Personne n'ose répondre jusqu'à ce que le plus jeune des professeurs, enseignant de philosophie, improvise. Selon lui, il faut distinguer « trois âges de la contemplation » dans la pensée occidentale. Pour Platon, Aristote et Plotin, seul le sage est à même de contempler le monde de l'*Intelligence* ou des *Idées*, ces entités auxquelles le commun des mortels ne peut accéder. C'est le christianisme qui consacre le deuxième âge de la contemplation dans une volonté d'union avec Dieu : saint Augustin, saint Thomas d'Aquin et le mystique

Jean de la Croix s'en font les promoteurs… Notre professeur reprend son souffle et s'interroge alors sur le troisième âge de la contemplation quand le monde se déchristianise et s'éloigne des exercices de méditation. C'est, dit-il, au Siècle des lumières et sous l'impulsion du mouvement romantique que l'admiration de la Nature – avec un grand N – se substitue à la contemplation de Dieu. La preuve : chacun à sa façon, Rousseau, Chateaubriand, Goethe, Manzoni et Lord Byron célèbrent la nature comme refuge ultime, principe salvateur et source inépuisable d'inspiration.

Ouf, nous espérons tous que le professeur a fini sa tirade, mais il poursuit de plus belle sur un ton exalté : « Aujourd'hui, avons-nous perdu tout lien avec les mondes végétal et animal ? Qu'en est-il de la communion entre l'homme et son environnement ? La pratique de la contemplation est-elle devenue obsolète ? Et sommes-nous encore capables d'admirer la nature en vrai ? Malheureusement, nous ne savons plus prêter attention aux particularités d'un arbre, d'un insecte, d'un oiseau… » Touché par ces mots, Gaspard pose une main sur l'épaule du professeur et lui dit que ses élèves ont bien de la chance. Il l'invite même à venir donner un cours dans son jardin sous une charmille ou un portique. « Comme au temps des stoïciens », ajoute-t-il.

Quand l'invisible se cache dans le visible

Nous voici désormais dans une haie fruitière où prospèrent framboisiers et groseilliers. « Le soleil les a dorlotés et donc on pourra faire notre première récolte d'ici quinze jours », se réjouit Gaspard avec un sourire gourmand avant de proposer : « Remontons maintenant vers la maison et le jardin des simples, celui qui soigne les corps et les âmes... » Comme au Moyen Âge, les carrés de sauge, thym, menthe poivrée, livèche, rue, laurier, romarin, persil, hysope, estragon, angélique, absinthe, sarriette, bétoine, pavot et mélisse sont soigneusement clôturés de plessis en osier tressé et, selon notre guide, les allées sont semblables « aux quatre fleuves s'échappant du jardin d'Éden »... Gaspard nous apprend que sur la centaine de plantes médicinales que l'on trouvait traditionnellement dans un monastère, il en cultive une trentaine. « J'ai encore du travail, reconnaît-il avant de conclure, mais c'est là dans le carré des achillées millefeuilles et des hellébores que j'aime méditer ; elles chassent les esprits malins. »

Jusqu'ici, je ne suis pas intervenue, mais la tournure de la discussion me fait penser au poète décédé en 2021 et je demande : « Connaissez-vous Philippe Jaccottet ? Il affirme, parlant d'une fleur : "Elle ouvre, en s'ouvrant, autre chose, beaucoup plus qu'elle-même". » Voyant de l'incompréhension dans le regard de mes compagnons, je tente d'expliquer ces propos pour le moins énigmatiques. Selon Jaccottet, nous percevons d'abord la beauté extérieure d'une fleur et, *en s'ouvrant*, elle nous invite à découvrir quelque chose de plus profond, un processus immémorial qui a précédé l'homme sur Terre et qui lui survivra ! Il définit la nature comme *l'insaisissable*, celle qui *intrigue* et révèle une réalité différente comme une ouverture vers un *autre monde*, c'est-à-dire un espace poétique et cosmique qui défie le monde rationnel. Une simple fleur peut être ainsi vue comme recelant des mystères par dizaines ! Dans les poèmes de Jaccottet, quête de la présence, quête poétique et quête mystique se rejoignent. Je reconnais bien volontiers auprès de mes amis que j'ai abusé de leur temps, mais je les exhorte à se procurer son recueil *La Semaison* où il explore la connexion entre l'homme et la nature « au-delà du visible »...

Cette fleur est-elle malfaisante ?

Le silence gagne le petit groupe qui s'éloigne du jardin médiéval. Un peu plus loin, une fleur spectaculaire à l'allure exotique attire notre attention ; elle est haute de près d'un mètre et semble narguer les autres plantes. Gaspard explique qu'il s'agit d'une espèce vivace originaire d'Afrique du Sud appelée tritoma ou faux aloès, mais on la surnomme *fleur de Satan* et parfois *tison de Satan* depuis la Renaissance.
« Cette fleur est-elle malfaisante ? interroge mon voisin.
— Non, ce sont juste ses épis rouges, orange et jaunes qui rappellent aux croyants les flammes de l'enfer... répond paisiblement Gaspard.
— Oh diable ! » le taquine mon cousin.

Je suis la dernière à contempler la fleur. Un rayon de soleil l'illumine et, en la prenant doucement dans la main, j'aperçois soudain l'éclat d'une pierre précieuse. C'est un scarabée à coque vert-bleu métallisé. Tandis que les autres s'éloignent, je reste quelques instants à le scruter. J'ignore pourquoi cette créature m'intrigue et m'attire. Je capture l'image avec mon portable.

Lorsque je rejoins les amis sous le grand tilleul où l'apéritif est servi, je veux savoir s'ils ont vu le scarabée posé sur le tison de Satan.
« Un quoi ? » s'exclament-ils en chœur.

Je me tourne vers Gaspard :
« Vous non plus, vous ne l'avez pas vu ?
— Non, et pourtant je consacre mon temps à observer les insectes, les oiseaux, les écureuils, les limaces, les taupes, les vers de terre, les hérissons, les lézards et les chauves-souris, tout ce petit monde qui fait vivre mon paradis ! Que serait la nature sans cette vie animale ? Un simple décor, une illusion… »

Je suis donc la seule à avoir remarqué ce scarabée. « Dans un jardin, on écoute la nature nous parler », l'aphorisme de notre hôte ne quitte plus mon esprit…

Suis-je prédestinée ?

Ils ont regardé, mais ils n'ont pas vu. Et moi je l'ai vu.

De retour dans la maison de mon cousin, je m'isole et réfléchis sur la différence entre *regarder* et *voir*. Regarder, c'est diriger ses yeux vers quelque chose sans forcément s'y arrêter, donc sans véritable intentionnalité. Voir est plus cérébral, c'est prendre connaissance par les sens et par l'esprit de ce qui se présente à nous. On peut donc regarder sans vraiment voir : « La perception est une action de l'esprit qui fait surgir le monde », résumait le philosophe Alain.

Si je poursuis ce raisonnement, un constat s'impose : dans nos sociétés modernes, plus on regarde, moins on voit. Avec la multiplication des écrans

– télévision, ordinateur, tablette, smartphone… –, notre regard se perd dans un maelström d'images visuel et notre œil se déshabitue à voir. En d'autres termes, le temps que nous passons à regarder empiète sur celui qui permet de comprendre le monde. Et plus nous nous contentons de *regarder*, plus nous entrons dans une civilisation de l'ersatz et de l'avatar, c'est-à-dire déconnectée du réel puisque les technologies de l'image promettent de sublimer, voire dépasser la réalité : ici, un ersatz de paysage de montagne photoshoppé sur son portable, là un avatar de mer Méditerranée scrollé dans un film de réalité virtuelle… L'homme des réseaux sociaux et la génération Z préfèrent découvrir le monde *en faux* et surtout *en accéléré* sur leurs écrans. Dans ce cas, comment revenir à l'original quand des succédanés de nature sont bien plus excitants ?

Mais revenons au scarabée : lorsque mon regard s'est posé sur le tison de Satan, avais-je vraiment de « nouveaux yeux » pour le voir ? Quelle était la probabilité que je le remarque ? Et si personne d'autre ne l'a vu, est-ce parce que je suis prédestinée ? Mon âme est-elle intimement connectée à la nature ? Suis-je devenue à mon insu une cueilleuse de signes ? Et *a contrario* si je perdais ce don de la contemplation, comment pourrais-je accueillir des signes ?

La nuit bourguignonne ne m'a pas éclairée… Je laisse partir Hugo et mon cousin au marché de Saint-Sauveur-en-Puisaye et poursuis ma réflexion. Peut-être faut-il comprendre par contemplation une pure introspection et la recherche d'un *au-dedans* plutôt que la quête d'un *au-delà* ? En faisant une recherche sur Internet, je me replonge dans la *Phénoménologie de la perception*, le premier ouvrage de Maurice Merleau-Ponty, mais c'est finalement dans son dernier essai publié en 1960 – un an avant sa mort – que je trouve une réponse. Dans *L'Œil et l'Esprit*, il écrit : « Le propre du visible est d'avoir une doublure d'invisible au sens strict, qu'il rend présent comme une certaine absence. » C'est abscons, mais je comprends néanmoins que toute perception s'accompagne d'une dimension cachée, à la croisée du visible et de l'invisible. Ce qui est perceptible n'est donc jamais totalement accessible. C'est à nous qu'il revient de révéler les significations que nous ne percevons pas au premier coup d'œil. En clair, la nature nous en dit toujours plus qu'il n'y paraît !

J'entends la voiture de mon cousin se garer dans la cour. Bientôt, je ne serai plus seule, mais j'ai encore le temps de me demander : qui au XXIe siècle pour relire Jaccottet et Merleau-Ponty et faire de la contemplation un acte de résistance ? Comment ne pas qualifier un contemplatif de doux illuminé en ces temps où l'intelligence artificielle traite des milliards de données chaque jour ? Et dans dix ans, les serveurs de Google, Amazon et TikTok sauront-ils pratiquer la contemplation ? Déjà, l'IA oriente nos comportements et bientôt influencera nos rêves et nos désirs. Tant de nouvelles interrogations surgissent…
« C'est l'heure du pique-nique, j'ai faim », s'écrie alors mon cousin, l'air pressé.

8

Lorsque je donne
à l'ordinaire un sens élevé,
au commun un aspect mystérieux,
au connu la dignité de l'inconnu,
au fini l'apparence de l'infini,
alors je les romantise.

NOVALIS, *ŒUVRES PHILOSOPHIQUES*, VOLUME II

Aujourd'hui, c'est le dixième anniversaire de la mort de maman.

13 octobre 2023
La promesse de trop ?

Mon portable sonne. Je m'attends à entendre la voix de l'un de mes frères, mais non, c'est celle d'Amazir, le cousin âgé de papa et seul membre de la famille côté kabyle que je connaisse. Et encore, à peine. Tout ce que je sais de lui, c'est qu'il tenait un restaurant de couscous dans les Ardennes et qu'il donnait régulièrement des nouvelles à mes parents puis à mon frère aîné. C'est la première fois qu'il m'appelle. Sa voix un peu haletante me surprend. Je ne comprends pas tout de suite la raison de son appel, mais il finit par m'annoncer qu'il a retrouvé une photo de grand-père et de papa prise devant l'hôtel du Beau Paris, rue au Maire, à Paris. C'est là qu'ils vivaient à l'époque et lui aussi. Les revoir l'a profondément ému. « Ton papa devait avoir dix-sept ou dix-huit ans. Ça ne faisait pas longtemps qu'il avait quitté l'Algérie pour rejoindre son père. C'était en 1951 », a-t-il précisé avant de me demander mon adresse pour m'envoyer le cliché.

Il y a dans ces paroles une certaine lassitude et il m'avoue que sa santé décline depuis quelques mois. « Je ne vivrai peut-être plus très longtemps », lâche-t-il. Puis sur un ton plus solennel, il ajoute : « Ni ton grand-père ni ton père ne sont retournés en Kabylie, alors fais-le pour eux. Va sur leurs traces, faut pas que l'histoire de la famille tombe dans l'oubli. » Et de conclure presque comme un testament : « La Kabylie t'attend, ma petite, tu es l'une de ses enfants… » Ses paroles m'ébranlent et je m'entends lui répondre : « Je vous le promets, je vous le promets, Amazir ! » La conversation terminée, un pincement au cœur me saisit en pensant que le dernier Hamroun que je connaisse pourrait bientôt disparaître. Je me demande comment j'ai pu faire une telle promesse. Qu'est-ce qui m'a pris, moi qui ai toujours eu peur de renouer avec mes racines ? Et si cet appel était un signe ? Ce soir, c'est décidé, j'en parlerai à Hugo.

Un mois plus tard, je reçois un faire-part de décès, celui d'Amazir Hamroun.

Noël 2023
Trois indices et un cadeau

« Ouvre, mais ouvre donc ! » Souvent, Hugo me surprend avec des cadeaux improvisés, mais pourquoi aujourd'hui, jour de la Saint-Nicolas ?

Le paquet est oblong, cacheté à la cire et enveloppé dans plusieurs papiers de soie. Je prends soin de ne pas froisser l'emballage, pensant que le contenu est fragile. Quelle déception de découvrir… une bougie. « Tout ça pour ça, Hugo ? Je ne comprends pas… » Mon mari se lance alors dans une longue tirade, expliquant que je comprendrai le jour de Noël et que je recevrai d'ici là d'autres présents qui seront autant de *signes*, dit-il en insistant sur le dernier mot. Bon, la bougie est élégante, mais en quoi m'indique-t-elle une piste ? Hugo a juste précisé que ce n'était pas religieux.

Le 13 décembre, nouveau cadeau, un petit tableau de 53 cm sur 40 intitulé *La Promenade des Oliviers*. Le vert des arbres laisse entrevoir une mer bleu cobalt, des montagnes violettes et un sol brûlé par le soleil, ce pourrait être n'importe où en Méditerranée. En bas à droite, la peinture à l'huile est signée Marius de Buzon. Cette fois, il est facile d'en savoir plus sur Internet : c'est un peintre postimpressionniste de la première moitié du XXe siècle ayant vécu la plus grande partie de sa vie en Algérie, mais qui a aussi peint des paysages de la Côte d'Azur, de l'Andalousie ou de la côte tunisienne. Je demande à Hugo si ce tableau augure d'un prochain voyage et si oui lequel, mais il dévie la conversation et m'annonce un prochain indice. Cette même semaine arrive par coursier une planche animalière de 1897 des éditions Émile Deyrolle et titrée *Le Magot*. La dédicace de mon mari est énigmatique : « Un magot peut en cacher un autre ! » Je découvre dans une encyclopédie animalière qu'un magot est un macaque de Barbarie, singe qu'on retrouve au Maroc, en Algérie et même

à Gibraltar. Je lui demande s'il m'invite à une chasse au trésor et Hugo élude à nouveau, m'enjoignant de me concentrer sur les indices. Je n'en saurai pas plus… jusqu'au jour de Noël où, sous le sapin, je trouve une simple pochette.
« C'est la clé de l'énigme ?
— En quelque sorte. Après la bougie, le tableau et le singe, voici l'acte IV : le dénouement ! »

Je décachette l'enveloppe et trouve des billets d'avion à nos deux noms : destination Béjaïa. Je ne comprends toujours pas.
« C'est une blague ? Mais Béjaïa, c'est où ?
— Là où tu voulais aller, mais sans jamais oser te l'avouer.
— Encore une énigme ?
— On part en Kabylie.
— Béjaïa, jamais entendu parler à la maison !
— C'est la capitale de la Petite Kabylie, la porte d'entrée pour Tizi Ouzou et la montagne Djurdjura. Béjaïa, c'est le nom kabyle et arabe de la ville. Les Français l'ont appelé Bougie après 1830.
— D'où la bougie offerte à la Saint-Nicolas ? C'est quand même tiré par les cheveux, ton explication, non ?
— Pas du tout. Au Moyen Âge, on fabriquait dans cette ville des milliers et des milliers de chandelles en cire et elles étaient exportées dans toute la Méditerranée et jusque dans le royaume de France. Très vite, les "chandelles de Bougie" sont devenues des bougies tout court.
— Et le tableau alors ?
— C'est une vue de Béjaïa. La promenade des Oliviers existe toujours, nous irons ensemble.
— Et le magot ?

— Pour ne pas manquer le *pic des singes* ! C'est une réserve naturelle aux portes de la ville où ils vivent en liberté.
— Et quand part-on ?
— Début avril. Nos visas algériens seront délivrés la semaine prochaine, j'ai fait toutes les démarches. »

J'ai du mal à montrer mon enthousiasme, mais Hugo a raison sur un point : je ne cesse de vouloir percer les mystères qui entourent le passé de mon grand-père et de mon père et pourtant j'ai du mal à reconnaître que la seule façon d'en savoir plus, c'est d'aller marcher sur leur terre, d'arpenter les mêmes chemins, de contempler les mêmes paysages, de sentir les mêmes parfums…

Je sens Hugo qui me dévisage, il a l'air déçu que je ne saute pas de joie. Je lui dis de ne pas s'en faire, que c'est probablement l'émotion. Je cherche désespérément une explication et je n'en trouve pas.

4 avril 2024
Bonjour la Kabylie !

Sur la terrasse de l'hôtel, la baie de Bejaïa s'étend devant moi, bordée de montagnes « aux crêtes dentelées, étranges et charmantes » comme les décrivait Guy de Maupassant dans un reportage pour *Le Gaulois* en 1881. Rien n'a changé avec au loin la chaîne des Babors toujours aussi majestueuse. Sur le bleu saphir de la mer, le soleil semble avoir dispersé des milliers de petites perles de diamant qui scintillent et dansent à l'horizon. Ce paysage m'enveloppe de douceur. D'où vient ce sentiment de paix qui m'étreint ? Papa et Grand-père ressentent-ils ma présence ici et maintenant sur cette terre qu'ils n'ont jamais revue ? Je songe à l'appréhension qui m'habitait avant ce voyage, à cette promesse que je devais honorer, à la peur de découvrir mes racines inconnues. Devrais-je dire mes racines étrangères ?

Première balade dans les rues de la ville déserte en ces jours de ramadan. « Comment ? Vous n'avez pas encore visité la place Gueydon ? », s'offusque le brocanteur, sosie du chanteur Mouloudji, avant de poursuivre : « Autrefois, on l'appelait “le Montmartre de Bougie” ! Beaucoup d'artistes l'ont peinte, avec son Café Richelieu fréquenté par les écrivains ! » Le voilà qui enchaîne furieusement les qualificatifs, « c'est un lieu vibrant, populaire, historique, mythique… ». Sa boutique ressemble davantage à un hangar où services de vaisselle ancienne, lustres en cristal, couverts désargentés, moulins à café, couscoussiers en inox, plats kabyles, mobilier des années 1950, dictionnaires français-arabe et français-kabyle s'entassent pêle-mêle et rappellent plus d'un siècle de colonisation et de cohabitation entre deux populations. Et l'homme de continuer sur le même ton enflammé : « La place Gueydon, on en est fiers, car c'est notre balcon sur la Méditerranée ! Non seulement ses guirlandes illuminent la baie et le port en contrebas le soir, mais le jour, elle raconte notre histoire ! » Il ajoute que le gouvernement algérien l'a très vite rebaptisée « place du 1er Novembre-1954 », en référence à la Toussaint rouge, cette série d'attaques et d'attentats orchestrés par le FLN, qui marquèrent le début de la guerre d'indépendance. Cet ancien professeur d'Histoire avoue néanmoins que « tous les habitants continuent à l'appeler place Gueydon alors que ce monsieur, premier gouverneur général de l'Algérie française, a mené une terrible répression contre les Kabyles lors de la révolte de 1871. Il a des milliers de morts sur la conscience et pourtant nous restons attachés à son nom, allez savoir pourquoi ! C'est un mystère ». Une conversation s'engage alors avec mon mari sur le passé colonial de la France, mais je dois les interrompre ; connaissant Hugo, il aurait pu passer l'après-midi à débattre du sujet. Le brocanteur nous raccompagne sur le pas de la porte et nous indique la direction de cette curieuse place au double nom... français et algérien.

Dehors, la chaleur nous surprend. Juste en face de nous, une rue bordée de platanes invite à profiter de l'ombre. « Tant pis, faisons un petit détour », suggère Hugo. Des maisons de deux ou trois étages aux façades ornées de balcons en fer forgé nous plongent dans une atmosphère Art déco ; certaines sont restaurées avec goût, d'autres laissent voir les cicatrices du temps. Quelques pas encore et nous voilà devant une grille entrouverte ; sur un pilier néoclassique blanc coiffé d'un pot à feu d'où jaillissent des cactus, une plaque noire annonce « Cimetière Père-Lachaise » en lettres capitales dorées. Qui aurait pu imaginer un deuxième Père-Lachaise, ici en Petite Kabylie, à plus de mille kilomètres de Paris ? Qu'en aurait pensé le confesseur du roi Louis XIV, lui qui fut à l'origine du plus grand cimetière de la capitale ? Nous poussons la porte et découvrons une nature verdoyante où arbres, fleurs, plantes s'épanouissent parmi les tombes. Le contraste est saisissant : tout ce qui fut œuvre humaine dépérit tandis que la nature éclate de vie. Les tombes et les monuments funéraires ont été pour la plupart renversés, saccagés, vandalisés, voire pillés. Rares sont les pierres tombales encore intactes ou les croix toujours debout. Et pourtant, ces outrages n'y font rien, un sentiment de paix profonde nous gagne. Ifs, chênes verts, argousiers, pins maritimes, oliviers, caroubiers et cyprès dressent leurs prières vers le ciel quand des brassées de fleurs blanches, jaunes, roses enchantent les bordures des monuments funéraires ; les plantes grasses, elles, prospèrent dans les vasques fracassées. C'est comme si le printemps saluait les âmes défuntes et que l'on pénétrait dans le jardin de la vie éternelle. Semblant guider nos seuls pas, des herbes folles parcourent les allées.

Commence alors une pérégrination au milieu des tombes et des inscriptions effacées. Hugo semble remonter le temps, distinguant les premiers défunts au nom bien français – Bolloré, Drouot, Ferry, Jambon… – puis la vague des Maltais et des Italiens – Arcamoni, Carbonaro, Malmassari, Orsini… – et enfin les Alsaciens-Lorrains arrivés après la défaite de 1870 : familles Becker, Heintz, Metzger, Schneider, Spiegel et tant d'autres… Chaque fragment de monument évoque la mode funéraire d'alors, couronnes en faïence du XIXe siècle, barbotines des années 1900, croix en perles de verre des années 1930, vierges et christs stylisés des années 1950… Les statues d'anges ont beau être mutilées, elles continuent à veiller sur les disparus ; certains gardent d'ailleurs les yeux grands ouverts dans des médaillons rouillés. Alors qu'Hugo continue à explorer le cimetière érigé sur une colline face à la mer – comme le cimetière israélite mitoyen –, moi je cueille des bouquets de fleurs pour honorer les morts. Des genêts pour un limonadier, des marguerites pour la jeune veuve d'un marin, quelques iris pour un sous-officier du Génie...

Un rayon de soleil s'agenouille devant un minuscule monument de marbre blanc jauni, celui d'une fillette morte en 1950. Un rosier a pris racine près d'elle et déjà deux roses fuchsia se sont éveillées pour celle que j'appelle « la mignonne ». Je m'interroge : une fois montée au ciel, aura-t-elle demandé aux anges si elle pouvait cueillir les étoiles ? Je m'assieds au pied d'un figuier et me penche sur la tombe de la mignonne comme si elle allait me confier les secrets de sa brève existence. Une nouvelle vague de quiétude me submerge. Je contemple alors cette nature généreuse qui console les âmes tourmentées de ceux qui n'ont plus personne pour les pleurer. Malgré la désolation, la vie et la gaieté fleurissent partout : un bourdon s'enivre du nectar d'un coquelicot, une mésange sautille et lisse son bec contre une sculpture, des lézards se livrent à une folle poursuite, une mouette rit dans le ciel clair et vole vers la Méditerranée...

Chaque tombe raconte une histoire et me projette dans une époque où résonne encore l'écho de ces vies. Mais après ce moment de sérénité, les défunts semblent me souffler des questions : qui pour fleurir les caveaux ? Qui pour lire les noms gravés dans la pierre ? À quand remontent les dernières visites de familles venues se recueillir dans cet autre « cimetière marin » ? Aucun doute, la nature a reconquis le lieu, l'espoir peut donc renaître. Mais quel espoir ? Quel avenir pour cette nécropole quand le dernier rapatrié sera mort et que ses descendants auront oublié le nom même de Bougie ou de Béjaïa ? Et en Europe, qu'adviendra-t-il de nos cimetières quand la crémation deviendra la norme ? Aujourd'hui, plus d'une famille sur deux en France n'enterre plus ses morts ! À quand la fin des cimetières ? Bientôt, on s'ingéniera à détruire ces lieux séculaires, les morts devant s'incliner devant les vivants. Ne subsisteront plus que des cimetières réduits à un alignement d'urnes, mais c'en sera fini de ces « lieux de mémoire » millénaires et de cette petite parcelle d'humanité qui voulait qu'on se souvînt des morts.

Plongée dans mes réflexions sur la déshumanisation dans les sociétés contemporaines, je vois reparaître Hugo entre deux oliviers. Il vient de découvrir, annonce-t-il avec enthousiasme, « une tombe historique », celle d'un homme né en 1798. Peut-être le défunt le plus ancien du cimetière, mais impossible de connaître son nom ou la date de son décès, la pierre tombale ayant été renversée… Nous continuons de chercher dans le carré le plus ancien, mais le Père-Lachaise a décidé de ne plus rien révéler. Il garde pour lui ses mystères.

17 h 30. Je referme la porte du cimetière. Hugo me dit qu'il est bien dommage de ne pas avoir pu rencontrer le gardien dont la maison est située à l'entrée sur la gauche. Mon attention se porte sur deux petits vélos d'enfants adossés à la grille de leur jardinet. C'est bien ce que je pensais, la vie aura toujours le dernier mot !

Quand une plume tombe du ciel

Nous nous dirigeons enfin vers la place Gueydon au centre de la vieille ville qui surplombe le port et la baie. Hugo et moi demeurons silencieux.

La visite du cimetière a chahuté mon cœur et je ne peux m'empêcher de me demander pourquoi le hasard nous y a conduits alors que nous ignorions tout de son existence une heure auparavant. Pourquoi ai-je éprouvé le besoin de m'asseoir parmi ces tombes, puis de les fleurir, et pourquoi une paix intérieure m'a-t-elle envahie ? Avoir le goût du bonheur dans un tel endroit, n'est-ce pas curieux, voire impensable ?

Cela fait maintenant une dizaine de minutes que nous marchons dans la ville haute et Hugo pense que nous nous sommes égarés. En descendant un des nombreux escaliers de la ville, nous croisons un petit homme d'un certain âge. Cheveux blancs coupés court comme ceux d'un petit garçon, yeux clairs, allure svelte, il nous sourit et demande d'un ton enjoué :

« Vous êtes français ? anglais ?
— Français.
— Soyez les bienvenus à Béjaïa !
— Vous habitez ici ? demande Hugo.
— Oui, depuis ma naissance ! J'ai quatre-vingt-cinq ans et comme vous pouvez le voir, j'ai une canne ! s'exclame-t-il, en la faisant osciller de gauche à droite à la manière de Charlot.
— Quatre-vingt-cinq ans ? Mais vous en paraissez vingt de moins !
— C'est parce que chaque jour que Dieu veut bien m'accorder, je marche et je mange bien ! Et puis, dans ma tête, je suis toujours jeune ! »

Et il rit.
« Nous cherchons la place Gueydon. On nous a dit de prendre la rue du Vieillard, mais peut-être a-t-elle changé de nom ? interroge encore Hugo.

— Je vais vous y mener, c'est tout droit. Faut qu'on se dépêche, car dans quarante minutes, c'est la rupture du jeûne et j'ai faim », dit-il en jetant un coup d'œil pressé à sa montre.

À peine a-t-il achevé sa phrase qu'il pivote sur lui-même et pointe sa canne en avant pour nous montrer le chemin. D'emblée, il presse l'allure et je peine à le suivre avec mes espadrilles à talons compensés. Il trotte comme un cabri, sa main droite semble cravacher l'air avec sa canne ; il donne l'impression de s'envoler à chaque pas et me distance ; je dois accélérer la cadence.

Maintenant, je cours presque tandis qu'Hugo, encore convalescent de son opération au tendon d'Achille, est loin derrière. Soudain, au milieu de cette course haletante, une touche de blanc ouaté dans le bleu du ciel capte mon regard. C'est une plume ! Instinctivement, je tends le bras et offre ma paume. La plume de duvet est si gracieuse qu'on dirait qu'elle danse. Mais la voilà qui s'éloigne quand une légère brise la fait revenir vers moi dans un dernier souffle. Elle se pose avec délicatesse dans le creux de ma main. L'instant est si pur, si beau que je ne peux m'empêcher de crier ma joie : « Une plume est tombée du ciel, une plume est tombée du ciel ! » Notre guide m'a entendue et sans même se retourner ni ralentir, il brandit sa canne et proclame d'une voix qui résonne dans la rue déserte :
« Une plume blanche, c'est un signe !
— Un signe ?
— Oui, un signe de l'au-delà !
— Ah bon ? Mais comment vous le savez ?
— Je le sais, c'est tout ! »

J'aperçois la mer en contrebas et la place Gueydon, toute proche, où le vieil homme m'attend et s'impatiente, agitant frénétiquement sa canne dans l'air. Aucun doute, Charlot a pris possession de son corps. « Vous voilà arrivés, mais pas moi… et la rupture du jeûne, c'est dans quinze minutes. J'entends mon estomac qui gargouille ! » dit-il en consultant une fois de plus sa montre.

J'ai tout juste le temps de lui souhaiter un bon dîner qu'il s'éloigne déjà, son pas toujours aussi sautillant. Ses paroles sur l'au-delà sont si inattendues et prononcées avec un tel aplomb qu'elles font écho en moi. Je reste là, immobile dans la rue silencieuse. J'ouvre ma main, contemple la petite plume blanche et chuchote :
« Grand-père, est-ce toi qui m'as envoyé cette plume ? Sais-tu donc que je suis sur cette terre où tu n'es jamais revenu ? Ou bien est-ce toi, Tassadit, ma grand-mère que je n'ai jamais connue ? Demain, je serai plus près de vous encore… là-bas au pied de la montagne Djurdjura. »

9

Qu'on aimerait suivre les âmes
Au pays où elles s'enfuient.
Je marcherais la nuit, le jour,
Et les cieux je parcourrais…

MARGUERITE TAOS AMROUCHE,
LE GRAIN MAGIQUE

Matin plein de promesses.

5 avril 2024
De Béjaïa à Tizi Ouzou par la RN 12

Le soleil rayonne et la mer est d'un bleu toujours plus bleu. J'y plonge mes yeux et cherche le visage de papa dans le reflet des vagues. Très haut dans le ciel, j'entends les oiseaux qui jasent et me demande – comme Victor Hugo – s'ils parlent « la langue des anges » et s'ils me porteront bientôt des messages… La beauté de la baie de Béjaïa m'apaise. Pourtant, insensiblement, l'inquiétude me gagne : cet après-midi, nous mettons le cap sur la Grande Kabylie où j'espère trouver les fragments épars de la vie de ma famille paternelle. J'ignore tout des secrets que les replis de l'Histoire me cachent, dont celui de Tassadit, cette grand-mère dont je ne connais que le prénom.

À peine trois heures de trajet et nous approchons déjà de Tizi Ouzou, capitale de la Kabylie. Le paysage défile. Villages perchés sur des pitons comme des grappes de raisin sur des treillages, ruisseaux et vallons verts qui dégringolent à perte de vue… Lentement, la ville se découvre, nichée au creux de montagnes qui l'enlacent. Ce soir, le soleil les a teintées de pourpre et de cuivre. Nous voici arrivés. En descendant de la voiture, je reste bouche bée devant l'enseigne lumineuse, « Hôtel Mektoub ». Les lettres multicolores clignotent comme pour m'annoncer que « c'était écrit », traduction du mot arabe. Je n'ai pas le temps d'y accorder plus d'attention, car un homme costaud, au crâne lisse et aux yeux vert ambre, nous accueille chaleureusement. Il semble avoir une cinquantaine d'années.
« Bienvenue à Tizi Ouzou ! Vous venez de Béjaia, je crois ? Vous avez fait bonne route ?
— Si on veut. La RN 12 est en travaux sur des kilomètres et des kilomètres… répond Hugo.
— C'est comme cela depuis des années… et ça continuera ! Je m'excuse aussi pour le réceptionniste qui a dû s'absenter, il m'a chargé de vous recevoir. Je suis Slimane, le maître d'hôtel du restaurant. Je vais vous accompagner à votre chambre, la 312 ; elle se trouve au troisième étage et le balcon donne sur la vieille ville. »

Alors que nous le suivons, je lui demande de m'expliquer pourquoi on aperçoit sur la route autant de nids de cigognes perchés sur les poteaux électriques et les arbres.

« Ah, vous avez remarqué ? C'est parce que les cigognes adorent Tizi ! Ce sont *nos pensionnaires ailées*. Lorsqu'elles arrivent au printemps, elles nous offrent un magnifique spectacle dans le ciel. On les voit tourner en cercles pendant de longs moments et on les entend jouer des claquettes avec leur bec. Une façon de nous saluer. »

Il dessine dans l'air des cercles avec son doigt et imite le bruit sec d'un bec qui s'ouvre et se ferme.
« Vous les imitez bien… »

Il rit.
« Vous savez, dans la culture kabyle, les cigognes sont sacrées. Pour nous, ce sont les protectrices des récoltes.
— Vraiment ?
— Oui, elles débarrassent les jeunes pousses de tous les parasites et insectes nuisibles. Et puis, ce sont des oiseaux mystiques !
— Ah oui ? Chez nous, en France et surtout en Alsace, on les aime bien aussi. Ce sont des symboles de fertilité et de bonheur, mais ce sont des oiseaux mythiques, pas mystiques !
— En Kabylie, si. Nos anciens racontent que les cigognes guident les âmes des défunts vers l'au-delà et que leur bec ouvre les portes du monde des morts. Bonne installation, messieurs-dames, et à dans une heure pour le dîner !
— Pourquoi si tôt ?
— Avec le ramadan, on a beaucoup de monde le soir. Je vous conseille de ne pas tarder si vous voulez goûter les plats du jour. »

Une fois dans la chambre, Hugo me demande si je ne trouve pas Slimane un peu étrange. Je lui réplique que, ce qui est étrange, c'est la raison pour laquelle il a réservé un hôtel nommé Mektoub. En l'absence de réponse de sa part, je poursuis :

« Et tu n'y vois aucun signe ?
— Pauline, arrête de voir des signes partout ! Ça devient fatigant à la longue !
— Oui, mais Mektoub signifie "c'était écrit". Je commence à penser que ce voyage est bien plus qu'un voyage. Et si c'était un appel du destin ? »

Il refuse de me répondre et feint de ne pas remarquer mon trouble. Il se contente de défaire méthodiquement les valises.

Dîner, domino et Djurdjura

Dans la salle du restaurant, les murs racontent des histoires d'un autre temps à travers des photographies sépia du début du XXe siècle ; un jeune garçon se tient le regard fier sous les branches d'un olivier, un agneau blotti dans ses bras ; une jeune fille, portant une tunique traditionnelle à carreaux, ornée d'une broche ronde en argent, sourit devant l'objectif ; sur un sentier, des femmes reviennent de la fontaine avec des jarres sur l'épaule. Partout, la montagne Djurdjura magnifiée, sous le soleil, dans la neige…

Comme convenu, Slimane le maître d'hôtel nous a réservé une table. Au menu, salade de pois chiches, tajine Ouzemour, ragoût de poulet aux olives et felfels kabyles, poivrons et tomates grillés au four. Tajine pour moi, felfels pour Hugo. « *S tezmert-nwen !* » nous lance le maître d'hôtel, façon de dire « bon appétit » en kabyle.

Lorsque Slimane revient pour s'assurer que nous apprécions les plats, Hugo l'interrompt :

« J'ai une question à vous poser…
— Oui, monsieur, je vous écoute.
— À Béjaïa, nous avons été invités à deux soirées, et j'ai remarqué que les femmes sortaient entre elles pour écouter de la musique et danser. Mais que font les hommes pendant ce temps ?
— Eh bien, ils jouent aux cartes, au rami ou à la belote, mais surtout ils font des parties de domino !
— Ils jouent au domino ? dis-je en levant soudainement les yeux de mon assiette.
— Bien sûr, c'est le passe-temps favori des Kabyles depuis la période coloniale.
— En France, plus grand monde n'y joue, c'est plutôt démodé… relance Hugo.
— Ici, jeunes comme vieux adorent les dominos. C'est plus qu'un jeu, c'est du lien social à l'état pur. Pendant les parties, on parle politique, cours officieux du dinar, travail, mariage, enfant, voiture, corruption… Bref, tout y passe ! Les dominos, c'est sacré dans la vie d'un Kabyle !
— Sacré comme les cigognes ? lance Hugo.
— Je vois que monsieur aime plaisanter. »

Tandis qu'Hugo et Slimane s'envoient des piques, un souvenir jaillit du plus profond de ma mémoire, je revois papa et mes oncles assis autour d'une table recouverte de dominos.
« Mais oui, ça me revient maintenant, mon père adorait jouer au domino ! Il avait même converti la famille de Lorraine à ce jeu !
— Bah, c'est normal pour un Kabyle. Vous m'avez bien dit tout à l'heure qu'il était de chez nous ?
— Oui, oui, dis-je d'un ton détaché, bien que plongée dans mes pensées.

— Pour le dessert, que diriez-vous de nèfles de notre verger ? On les a cueillies hier. À Tizi, ce sont les premiers fruits du printemps ! »

Il est 21 heures lorsque nous sortons de l'hôtel. Tizi Ouzou qui ressemblait à une ville fantôme à notre arrivée s'est animée dès le coucher du soleil et la rupture du jeûne. Maintenant, les rues grouillent de monde. Voix, rires et bruits de pots d'échappement tapissent l'air sous des lampadaires qui éclairent des visages marqués par la fatigue d'un mois entier de ramadan. Dans les boutiques, les gens se pressent pour faire leurs achats, car, nous dit un marchand ambulant, « dans les familles, on prépare déjà l'Aïd el-Fitr, la fête qui marque la fin du ramadan. C'est dans moins d'une semaine, le 10 avril ».

En descendant vers la vieille ville, je suis saisie par ce que je découvre : des tablées de joueurs de domino qui s'étendent sur les trottoirs et débordent parfois jusque sur la rue, défiant les autorités. Slimane avait raison !

Les tables sont constituées de simples planches posées sur des tréteaux autour desquelles sont assis des hommes sur des chaises en plastique. Rien que des hommes. Nous nous arrêtons, curieux du spectacle. Certains joueurs ont le visage penché et la mine crispée, absorbés par leur prochain coup ; d'autres sirotent un thé et devisent à voix basse. Près de nous, des jeunes encouragent l'un des leurs, un garçon d'une vingtaine d'années dont les yeux en amande sont aussi noirs que ses cheveux soigneusement lissés en arrière. À écouter leurs conversations, il s'appelle Badis, et une tension est palpable dans son visage. Il ne lui reste plus en main qu'un seul domino couleur ivoire. C'est maintenant son tour de jouer. Badis pose avec une joie contenue sa dernière pièce marquée de trois points rouges d'un côté et d'un point bleu de l'autre. Il clôt ainsi le long chemin des petites tuiles noires et blanches. Il a gagné ! Explosion de joie de ses supporters. Et moi de fixer ce domino, comme s'il m'était… familier.

« Hugo, tu te souviens de ce vieux monsieur qui habitait en dessous de chez nous, boulevard Raspail ?

— Monsieur Marronnier, comme Lou l'avait surnommé, parce qu'il avait toujours un marron dans sa poche.

— Oui, c'est ça, monsieur Clénin. Eh bien, un jour, il était venu sonner à la porte pour me remettre un domino qu'il avait trouvé à la sortie du théâtre de la Michodière.

— Ah oui, tu me l'avais raconté.

— Et te souviens-tu de ce qu'il m'avait dit ?

— Ça, non.

— Moi, je n'ai jamais oublié. Il m'a dit mot pour mot : "Lorsque j'ai trouvé ce domino, j'ai immédiatement pensé à vous. Pourquoi, je l'ignore, mais je sais qu'il vous revient. Un jour, vous comprendrez."

— Ça ne m'étonne pas, quand il parlait, fallait toujours le décoder, monsieur Marronnier. Au fait, qu'as-tu fait du domino ?

— Je l'ai toujours gardé sur mon bureau et je n'ai jamais perdu l'espoir de déchiffrer son "un jour, vous comprendrez".

— Bon, tu ne trouves pas qu'il est tard ? Et si on rentrait à l'hôtel ?

— Attends, il vient de se passer quelque chose de stupéfiant. Figure-toi que le domino que le jeune joueur a posé en dernier sur la table est identique à celui de

Paris : même couleur ivoire, trois points à gauche et un point à droite. Et c'est seulement maintenant que je comprends.
— Comprendre quoi, Pauline ?
— Que ce domino m'était bel et bien destiné. Il devait me ramener sur la terre de mes ancêtres et nous y sommes !
— Pure spéculation, rien d'autre !
— Non, Hugo, c'est un petit bout de mon destin qui est en train de s'écrire ici et j'en suis sûre. Regarde encore ce domino sur la table. Le point unique, tu vois, je l'associe à moi…
— Et les trois autres points ?
— Ils me relient à mon grand-père, ma grand-mère et papa.
— Mais Pauline, tu nages en plein délire !
— Si toi et moi sommes venus en grande Kabylie, c'est bien pour découvrir le mystère de mes origines, non ?
— Et pour ça, tu te fies à un minuscule morceau de bakélite ?
— Ce minuscule morceau, comme tu dis, montre un chemin. Tu verras, bientôt j'en saurai plus.
— Si tu le dis. Bon, si on allait dormir cette fois ? Il commence à se faire tard. »

Peut-on échapper à son destin ?

Impossible de trouver le sommeil. Je pense au domino. Comment se peut-il que ce petit objet trouvé par hasard dans la rue vienne s'imposer à mon esprit après plusieurs années ? Hier insignifiant, pourquoi devient-il aujourd'hui un jalon essentiel dans ma quête d'identité ?

Je comprends surtout qu'il est périlleux de parler de hasard lorsque je remonte la chaîne de coïncidences qui me relie à ce domino : un voisin le ramasse dans la rue, me l'offre avec un message que je finis par oublier et voilà qu'il réapparaît en Kabylie. Comme s'il m'investissait d'une mission et m'enjoignait de renouer avec mes racines. En cette nuit de Tizi Ouzou, je comprends que ce voyage est un *retour* et j'y vois la main du *destin*. Pourquoi ne pas accepter l'idée qu'il existe des forces qui déterminent un chemin de vie *à notre insu* ? Pour Zénon, le premier stoïcien, tout est écrit dans l'ordre de l'univers et la véritable liberté de l'homme consiste à accepter ce que le destin lui assigne. Vingt et un siècles plus tard, Spinoza prolonge cette analyse : « Les hommes se croient libres parce qu'ils sont conscients de leurs désirs, mais ignorants des causes qui les déterminent. » En fait, je me croyais libre, mais un fil invisible me reliait à la Kabylie et je ne le voyais pas.

Pourtant, une autre voix s'élève en moi, celle du libre arbitre, celle qui proclame qu'on peut échapper à son destin. Cette voix murmure les mots de Jean-Paul Sartre : « L'homme est condamné à être libre. » Pour lui, invoquer destin et déterminisme n'est qu'une forme de lâcheté, un moyen de se dérober à ses responsabilités ou de trouver des excuses à ses propres faiblesses… Alors, serais-je une lâche qui trouve dans les signes un réconfort illusoire ? À quoi bon se rattacher au destin si tout n'est qu'illusion et contingence ? Peut-être qu'à force de fantasmer sur ce domino, je me suis enfermée dans un monde parallèle censé me reconnecter à mes aïeux…

La nuit devient plus claire, les étoiles ont chassé les nuages. Je pense à mon père, à mon grand-père. Le destin aurait-il sauté une génération pour me désigner, moi, dans l'accomplissement d'une mission ? Je comprends alors qu'on n'échappe pas à son destin… mais qu'on peut choisir de se dérober au monde des signes. Dans mon for intérieur, une certitude émerge : au lieu de fuir ou de refuser l'existence de signaux, mieux vaut devenir l'interprète de ces éclats d'invisible que la destinée envoie. Comme une main tendue dans un monde absurde. Alors, ce domino, destin ou hasard ? Zénon ou Sartre ? Soumission ou rébellion ? Peut-être un peu des deux. Et si la vie, c'était cela, un dialogue toujours renouvelé entre ce qui nous arrive et ce que nous décidons d'en faire. Certains sont fiers de vouloir déjouer le destin tandis que d'autres prennent plaisir à s'y conformer…

Il est près de 3 heures du matin. Je m'endors. Enfin.

Le destin passe par la mairie de Mechtras

Deux jours. Cela fait maintenant deux jours que nous arpentons les mairies, les bureaux d'état civil et les administrations chargées du cadastre dans toute la région au sud de Tizi Ouzou et on nous oppose toujours les mêmes réponses : « Non, désolé, nous n'avons rien sur votre famille » ou encore : « Ces archives-là ont été détruites pendant la guerre d'indépendance »…

L'espoir s'amenuise et même notre chauffeur, au début si enthousiaste, semble ne plus y croire… jusqu'à ce qu'un fonctionnaire de la mairie de Boghni, plus perspicace ou plus ouvert que les autres, nous assure : « On vous a mal orientés, c'est à Mechtras que vous trouverez ce que vous cherchez. Je vous conseille d'y aller plutôt demain matin, car les bureaux vont bientôt fermer. »

J'ai le sentiment que c'est notre dernière chance... Demain après-midi, nous prenons l'avion de retour.

Derrière la vitre du guichet de l'état civil, la fonctionnaire n'est pas très accueillante. Elle me parle en kabyle, je réponds en français et lui explique que je recherche des informations concernant la famille de mon père. Je lui tends l'extrait de naissance de papa où figurent les noms de mes grands-parents. Finalement, elle s'exprime en français et me demande :
« Madame, donnez-moi votre extrait de naissance.
— Mais pourquoi ?
— Pour prouver que vous êtes bien la fille de Mohand Hamroun. C'est la loi.
— Mais je ne l'ai pas ! Je ne savais pas. Voici mon passeport, si vous voulez.
— Non, sans votre extrait de naissance, je n'ai pas le droit de vous procurer des informations. Vous savez, c'est pareil en France...
— Mais on repart demain à Paris et je suis spécialement venue à Mechtras pour obtenir cet acte. »

Elle ne me répond plus et se contente de secouer la tête de gauche à droite. Un homme s'interpose alors dans un français impeccable : « Laissez-moi plaider votre cause, madame. » En vain, la fonctionnaire reste inflexible quand une de ses collègues intervient à son tour : « Donnez-moi votre document, je vais voir ce que je peux faire. » Elle saisit les informations dans son ordinateur et je l'entends pianoter de longues minutes sur son clavier ; chaque clic sur les touches ajoute à mon stress ; Hugo s'impatiente aussi ; elle s'excuse plusieurs fois pour la lenteur de son PC ; j'ai le temps de penser : « Et si nos recherches échouaient une fois de plus ? » ; un silence s'installe puis l'imprimante d'un autre âge vrombit. Le bruit saccadé des feuilles qui s'éjectent une à une me rend encore plus fébrile, et brusquement sa voix aiguë fend l'air : « Voici l'acte de naissance de votre grand-père ainsi que celui de votre grand-mère. J'ai même eu accès à leur acte de mariage. Vous avez de la chance, c'est rare de trouver la trace d'actes aussi anciens. Tenez, dit-elle en esquissant un sourire et en présentant six pages en français et en arabe. »

J'oublie presque de la remercier, mais je suis si nerveuse que mes mains tremblent et laissent échapper les papiers. Hugo s'agace. Je me précipite pour les ramasser quand soudain, mon regard est happé par un nom – Pauline Hamroun – écrit en caractères gras juste au-dessus de la mention *Acte de mariage*. Sidérée, je crie :
« Mais il y a mon nom, c'est mon nom !
— Mais enfin, Pauline, qu'est-ce que tu racontes ? C'est impossible, le document date de 1924 ! » me reprend Hugo sèchement.

Il m'arrache l'acte des mains, l'examine de haut en bas et continue, rageur :
« Non, il n'y a rien, ton nom n'y figure pas ! Vérifie par toi-même, tu as dû avoir une hallucination… »

Je m'empare du document, déconcertée :
« Euh oui, tu as raison, il n'y a plus mon nom. Comment a-t-il pu disparaître ? C'est insensé. Hugo, je te jure que je l'ai vu ! »

Bien sûr, il ne me croit pas. Et à l'instant où je pose mon doigt là même où j'ai vu mon nom écrit, mes yeux s'arrêtent net sur un prénom au bas de la page : Tamila. Je sursaute. Incapable de contenir ma réaction, je réagis à voix haute : « Mais Hugo, c'est incroyable, Tamila, c'est mon deuxième prénom ! Et regarde, c'est aussi celui de la mère de mon grand-père ! » Hugo croit à une nouvelle hallucination, mais cette fois, je lui mets la preuve sous les yeux : « Tu te rends compte ? Je n'ai jamais su que je portais son prénom jusqu'à aujourd'hui. » Un frisson me parcourt, comme si un fil invisible me reliait tout à coup à mon arrière-grand-mère. Je suis prise dans un tourbillon d'émotions et de questions. Pourquoi mon grand-père m'a-t-il caché ce lien ? Quel mystère derrière ce silence ? Et moi qui ai toujours honni ce deuxième prénom ! Il me faisait honte sur mes papiers d'identité et maintenant c'est moi qui ai honte de ma honte... J'en veux aussi à mon grand-père de s'être tu, j'aurais tant aimé qu'il me parle d'elle. Je sens les larmes monter. Hugo propose de nous asseoir sur un banc afin que je retrouve mon calme.

La fonctionnaire revient vers nous, un nouveau document à la main, c'est l'acte de décès de ma grand-mère Tassadit. Elle ajoute : « Laissez-moi vos coordonnées et, si je trouve d'autres documents, je vous les enverrai en France. » Je détache une feuille de mon carnet et note mon adresse en lui exprimant ma gratitude. Je me précipite sans attendre sur ce nouvel acte de décès et c'est un nouveau choc. Tassadit est morte à vingt et un ans, trois années à peine après son mariage. Elle donne la vie à papa et perd la sienne. Pauvre Tassadit. Pauvre papa qui n'en a jamais rien su. Cette fois, de grosses larmes roulent sur mes joues.

Quand Tamila m'envoie sa lumière

Nous retrouvons Slimane à l'hôtel :
« Ce soir, c'est votre dernier dîner ?
— Malheureusement, oui. On aurait bien prolongé le séjour, mais notre visa ne sera plus valide dans trois jours, explique Hugo.
— Alors, dites-moi, madame, comment se sont passées vos recherches ?
— Oh, ça n'a pas été facile. Nous sommes allés de mairie en mairie, nous avons fait des dizaines et des dizaines de kilomètres et j'ai bien cru que rien n'aboutirait. Heureusement, à Mechtras, miracle, j'ai obtenu deux actes de naissance, un de mariage et un de décès. On a pu remonter jusqu'aux années 1890…
— Alors, je suis content pour vous.
— À mon tour de vous poser une question, Slimane. Que signifie Tamila en kabyle ?
— C'est un oiseau, plus précisément une colombe ou une tourterelle.
— Un oiseau ? Alors, je vais l'aimer encore plus, ce prénom !
— Pourquoi, si ce n'est pas indiscret ?
— Aujourd'hui, j'ai appris que je m'appelais Tamila, comme mon arrière-grand-mère. Et jamais mon grand-père ne me l'a dit.
— Vous savez, pour ceux qui croient au pouvoir des esprits comme moi, l'oiseau, c'est le messager entre le ciel et la terre. Et maintenant, vous vous êtes reconnectée à votre arrière-grand-mère…

— Comment ça, reconnectée ?
— Bah oui, vous l'avez sortie des ténèbres pour la remettre dans la lumière et elle va veiller sur vous. Elle sera toujours à vos côtés. »

Une voix de baryton retentit alors de la cuisine toute proche :
« Slimane, arrête de parler. Viens plutôt chercher les plats, sinon les clients vont manger froid ! »

10

Laisse les racines de l'amour
pousser en toi, car de ces racines
ne peuvent fleurir que de bonnes choses.

SAINT AUGUSTIN, *LES CONFESSIONS*

Je creuse avec mes mains.

8 avril 2024
Forêt de Yakouren

Je creuse pour enfouir cette lettre que j'adresse à papa. Je l'ai écrite hier avant de me coucher. Impensable de repartir de sa terre natale sans lui exprimer les émotions ressenties durant le voyage. Cette lettre, j'y ai pensé toute la nuit à Tizi Ouzou. Et toute la nuit, les mots ont tourné dans ma tête et se sont entrechoqués, me demandant sans cesse si je n'avais pas oublié l'essentiel. Au réveil, je l'ai entièrement réécrite et j'ai compris qu'il fallait l'enraciner en Kabylie. À l'évidence, je dois réunir papa et sa maman Tassadit dont je viens de retrouver la trace. Je suis devenue leur lien et je renoue le fil trop longtemps brisé entre un fils et sa mère. C'est pourquoi j'ai demandé au chauffeur du taxi qui nous ramène à l'aéroport de Béjaïa de prendre la route de la forêt de Yakouren et de m'y arrêter. J'ai marché jusqu'à une petite clairière et là j'ai vu un chêne immense et protecteur s'offrant au soleil. « Ce sera ici », ai-je décidé sans plus hésiter.

Il a dû pleuvoir les jours précédents, la terre est humide, fraîche et souple ; elle glisse entre mes doigts sous une épaisse couche de feuilles mortes ; je saisis une pierre aplatie pour aller plus vite, elle me sert de pelle. Le temps presse. Encore quelques poignées de terre et j'aurai terminé. Il me semble que tout en moi se tend ; ma gorge se serre, je sens battre mes tempes et mes mains tremblent ; je sens monter une souffrance… comme si papa mourait une deuxième fois. À genoux devant le trou, je lève les yeux vers la lumière du ciel et relis la lettre. Une dernière fois.

Papa,

Te souviens-tu de ces dimanches après le déjeuner familial quand tu te mettais à évoquer la Kabylie ? Tes grands yeux noirs se mettaient à briller, fugaces étincelles de bonheur et dans ta voix se mêlait une envie teintée de mélancolie. Il me semble que je t'entends encore : « Faudrait vraiment qu'un de ces jours je retourne au pied de la montagne Djurdjura où j'ai grandi. Ma mère me portait sur ses épaules et l'on partait se promener dans les collines vertes au milieu des figuiers et des néfliers. C'était si beau, j'aimerais tant vous y emmener… »

Tu sais, papa, je l'ai vue hier, ta montagne Djurdjura, et je l'ai admirée à mon tour, minérale, monumentale et majestueuse, changeant de couleur au gré des ombres et de la lumière. Tu avais raison, elle est magnifique ! J'y ai même aperçu la neige de printemps ! Et puis, j'ai marché dans tes pas, j'ai touché le tronc des oliviers et des grenadiers pour y retrouver un peu de toi. J'ai même frotté des feuilles de figuier sur mon poignet pour m'imprégner du parfum de ton enfance. Enfin, j'ai pris dans mes mains la terre brune qui t'a vu naître et je l'ai respirée. Il me semble que je lui appartiens un peu aussi.

Tu sais, papa, j'ai voulu en savoir plus sur ta famille et je suis allée de mairie en mairie ; j'y ai découvert l'extrait de naissance de ton père et celui du mariage de tes parents. Tu n'imagines pas l'émotion que j'ai ressentie quand j'ai tenu ces documents entre mes mains… Figure-toi qu'on va bientôt fêter le centième anniversaire du mariage de tes parents ; c'était le 28 avril 1924 à 10 heures du matin ! Tu te rends compte ?

Ce que tu n'as jamais su, papa, c'est que Tassadit, ta maman, a épousé ton père à l'âge de dix-huit ans et que leur bonheur n'aura duré que trois ans. Quand j'ai découvert qu'elle était morte à vingt et un ans après t'avoir mis au monde, je t'ai imaginé bébé, hurlant de douleur à ses côtés et elle si jeune, endormie pour toujours. Et mon cœur s'est déchiré.

Tu sais, papa, mes larmes ont aussi coulé parce que c'est ton passé qu'on t'a volé… Tu n'as appris la vérité sur ta naissance que le jour des obsèques de ton père, quand tu avais plus de soixante ans. Quel choc pour toi ! Car cette femme qui t'emmenait sur ses épaules et que tu prenais pour ta maman était en réalité ta tante. Grand-père ne t'en a jamais parlé, peut-être par « pudeur kabyle » comme on dit ici, mais je sais qu'en toi la souffrance ne s'est jamais éteinte.

Hier, alors que la montagne Djurdjura se dressait dans un ciel rose corail, j'ai cueilli trois bouquets. Des genêts de la couleur du soleil, car je suis sûre que, comme toi, Tassadit était solaire. Des rameaux d'olivier en souvenir de ton père et de tes aïeux qui cultivaient cette terre aussi âpre que généreuse. Et quelques branches de figuier, pour toi qui m'as donné le goût sucré des fruits de l'été. Ces bouquets, je les rapporte à Paris pour réunir nos âmes et transmettre cette mémoire à ma fille Lou et ses cousins.

Papa, je suis tellement triste à l'idée de quitter ta terre. Devrais-je dire ma terre ?

Ta fille, Pauline.

Je plie la lettre et la porte à mes lèvres. Un baiser pour toi, papa, un autre pour ta maman. Je ferme l'enveloppe et l'ensevelis. Je reste quelques secondes encore à genoux et songe à leurs cœurs mêlés quand je vois quelques brindilles se soulever. Surgit une carapace vert-bleu aux reflets irisés à moitié recouverte de feuilles mortes. C'est un scarabée. Vient-il des ténèbres ? Du monde de la lumière ? Je le regarde, il me regarde. Je tends la main, il ne bouge pas. Nous restons encore de longs instants dans ce face-à-face improbable. Je lui demande « s'il est envoyé par papa ». Peut-être y a-t-il des questions qui ne se posent pas. Je décrète alors qu'il sera le « gardien de la lettre » et que ce sera notre secret. Je le conjure de ne le révéler à personne, ni aux chacals dorés ni aux magots, ces singes qu'Hugo m'a fait connaître. Pas de réaction. Tandis que le scarabée s'éloigne, j'entends qu'on m'appelle. Il me faut revenir à la voiture.

Il fait chaud, plus de vingt-cinq degrés par cet après-midi d'avril. Encore deux heures et demie et nous serons dans l'avion qui nous ramènera en France. Nous roulons d'une traite vers l'aéroport de la Soummam. Je baisse la vitre arrière de la voiture et tends mon bras à l'extérieur ; ma main attrape, caresse et embrasse l'air printanier ; mes pensées, elles, s'envolent vers papa dans le bleu du ciel. Le chauffeur se plaint de la chaleur. Il me demande de remonter la vitre et met en marche la climatisation. Alors que je m'assoupis, monte en moi une vague d'émotion qui me submerge. Mes yeux se remplissent de larmes, je les sens perler sur mes joues et les essuie au fur et à mesure en gardant les yeux fermés. Si je les rouvre, c'est sûr, je vais éclater en sanglots.

J'appelle maman à l'aide pour refréner mes pleurs, mais c'est pire encore. Soudain, une violente secousse me propulse vers l'avant de la voiture…

« Ça va, Pauline ? Tu ne t'es pas fait mal ? demande Hugo.

— Mon front est venu taper un peu fort contre le siège avant, mais… ça va. Juste un peu sonnée », dis-je en passant les mains sur mon visage encore humide de larmes.

Le chauffeur tente de s'expliquer :

« J'ai voulu ralentir pour éviter le nid-de-poule, mais la voiture qui nous suivait me collait et j'ai eu peur qu'elle nous rentre dedans. Encore toutes mes excuses, madame. Vous savez, la RN 12 a été construite il y a plus d'un siècle et il a fallu en percer, des montagnes ! En ce temps-là, les ingénieurs étaient français et les ouvriers, kabyles…

— Il y en a beaucoup des trous comme ça sur la route ? demande Hugo.
— Pas trop, les travaux sur la nationale 12 sont presque finis.
— Presque… comme vous dites. »

Mais c'est papa !

Au moins, le choc a eu le mérite de mettre fin à mes larmes et de chasser ma tristesse. Je m'accoude à la vitre de la portière et laisse mes yeux vagabonder… Au bord de la route, de nombreux animaux en liberté, des biquettes qui piétinent le long d'un ruisseau, des brebis apeurées par les camions chargés d'oranges et des vaches qui se régalent de jeunes pousses sur le bas-côté. Soudain, une silhouette capte mon attention, mais elle est floue, comme perdue dans la brume de chaleur. Elle se précise, tête droite, buste svelte en polo beige et de longues jambes dans un pantalon de toile gris clair. Son visage se tourne vers moi, ses yeux noirs pétillent, une brindille au coin de la bouche… Mais c'est papa !

Comment est-ce possible ? Il doit avoir la cinquantaine et il est resplendissant. Il marche tranquillement à côté de moi dans une prairie d'herbes hautes… alors que nous roulons à soixante kilomètres à l'heure ! Il me sourit, il a l'air si heureux de me retrouver. Je me dis que je suis en train de rêver et pourtant je ne dors pas. Je ferme les yeux quelques secondes… Quand je les rouvre, je vois de nouveau papa qui foule le sol à grandes enjambées et me regarde l'air enjoué. Il me semble même que je pourrais le toucher si j'ouvrais la fenêtre. Et ce côte-à-côte entre lui et moi dure des kilomètres ! C'est sans doute une hallucination, je me demande si ce n'est pas le choc de tout à l'heure qui me fait délirer. Je devrais avertir Hugo, lui dire que je vois papa et que mon état mental m'inquiète. Mais il risque de se sentir gêné… et le chauffeur de me prendre pour une illuminée.

Je regarde mon portable, il reste encore trois quarts d'heure de route jusqu'à l'aéroport, je tente de me calmer, ferme les yeux et essaie de dormir un peu. À peine ai-je les yeux clos qu'une nouvelle vision surgit : cette fois, c'est mon grand-père dans la chambre d'hôtel où il a vécu toute sa vie à Paris ! Il est assis dans son fauteuil et lit son journal, vêtu d'une chemise crème et d'un débardeur en laine gris tricoté par ma grand-mère de Lorraine. C'est étrange, je l'ai déjà vu habillé ainsi dans un rêve, mais là il est aussi réel que papa. Sauf que Grand-père, lui, n'a pas rajeuni, il doit avoir près de quatre-vingt-dix ans ; son crâne est lisse et sa moustache blanche en guidon toujours aussi imposante. Il redresse la tête, ses yeux noisette s'animent, puis il rit aux éclats, lève les bras au ciel et, maintenant, ses lèvres bougent. Il semble prononcer quelques mots, je tends l'oreille, mais impossible de comprendre ses paroles. Soudain, une voix forte me fait sursauter et ouvrir les yeux : c'est le chauffeur qui ne se doute de rien et me montre, au loin, la tombe d'un ancien marabout…

D'abord papa, puis Grand-père qui apparaît à son tour, mais que m'arrive-t-il ? Suis-je en train de faire un rêve éveillé ? De divaguer ? De perdre la raison ? Bizarrement, je ne suis pas effrayée, pas même inquiète ; au contraire, je ressens de l'apaisement et une joie intense dans tout mon être. Il est trop tôt pour y réfléchir, mais je pars de la Kabylie avec cette double vision, comme si papa et Grand-père voulaient me montrer combien je leur avais donné du bonheur en retournant « chez eux ». Et soudain, les mots de mon grand-père deviennent audibles : « Merci, merci, ma petite-fille, tu nous rends si heureux ! Et, tu vois, l'amour ne s'arrête jamais ! »

Lorsque je descends du taxi, je suis sonnée et Hugo s'en rend compte :
« Que t'arrive-t-il, Pauline ?
— Rien, je t'assure.
— Pourquoi ces larmes alors ?
— C'est l'émotion de quitter la Kabylie, mais aussi papa et Grand-père.
— Comment ça, ton père et ton grand-père ? Ils sont morts il y a belle lurette ! »

Et le chauffeur de prendre part à la conversation :
« Bah, s'ils sont nés ici, c'est bien normal que madame soit émue.
— Hugo, approche-toi, plus près de moi, et parle moins fort, s'il te plaît. »

Nous nous isolons.
« Mais qu'y a-t-il ? Pourquoi te mets-tu à chuchoter ?
— Parce que je les ai vus, papa et Grand-père. En vrai, je te dis…
— Tu as dû rêver pendant que tu somnolais, tu avais presque tout le temps les yeux fermés.
— Non, papa et Grand-père étaient bien réels, aussi réels que toi et moi en ce moment !
— Mais qu'est-ce que tu racontes ?
— Toi, tu ne les as pas vus, mais ils m'ont accompagnée pendant tout le trajet.
— Bon, Pauline, là, tu m'inquiètes…

— Au contraire, je me sens tellement bien.
— Arrête, c'est ce choc sur la route qui te fait dérailler. Demain, tu iras passer un scanner. Viens, allons enregistrer nos bagages, ce soir, on retrouve Lou. »

Sourire et acquiescer.
Cacher son émotion.
Dire au revoir au chauffeur.
Présenter son passeport.
S'envoler.

11

L'espérance est la plus grande de nos folies.

Alfred de Vigny, *Journal d'un poète*

Ce matin, j'ai reçu une lettre.

18 avril 2024
À Paris, par un matin qui s'ennuage

L'enveloppe est frappée d'un tampon postal algérien et porte l'en-tête de la mairie de Mechtras. Elle est datée du 9 avril, le lendemain de notre retour en France. Sûrement la fonctionnaire du bureau de l'état civil à qui j'ai demandé de retrouver la trace de mes arrière-grands-parents. Une étrange réticence m'assaille et m'empêche presque d'ouvrir le courrier. Je reste figée. Je contemple l'enveloppe, la soupèse… avec le sentiment qu'elle contient bien plus que de simples mots et qu'elle est lestée par des années de silence… Comme si mon âme pressentait déjà son contenu. Je serre le courrier contre mon cœur et me prépare à affronter l'inconnu. Je glisse mon doigt sous le rabat ; un léger crissement du papier rompt le silence ; enfin je lis :

Madame,

Pour donner suite à la demande de recherche d'information sur votre famille, je vous adresse l'acte de décès de votre arrière-grand-mère Tamila Allouache épouse Ben Saïd. Nous n'avons pas retrouvé d'autres actes d'état civil concernant cette famille.

Nos recherches concernant la famille de votre grand-mère, Tassadit Meziani épouse Hamroun, n'ont pas encore abouti.

Pour votre information, bien que le recensement de la population dite indigène ait débuté en Algérie en 1889, l'état civil ne s'est généralisé en Grande Kabylie que dans les années 1900 et d'abord dans les centres urbains des « communes mixtes ». Priorité était aussi donnée aux naissances masculines. Enfin, les registres des actes de décès et de mariage n'ont été régulièrement tenus qu'après 1918.

Respectueusement,

Gaddia Bouziane
Mairie de Mechtras
Daira de Draa-el-Mizan
Wilaya de Tizi Ouzou

C'est l'acte qui manquait ! Il révèle que, du côté de mon père, mon arrière-grand-mère Tamila Allouache est née en 1873 et morte en 1908 à l'âge de trente-cinq ans. Son petit garçon né en 1901 – mon grand-père Aghdim – n'avait donc que sept ans lorsqu'il l'a perdue. Tamila avait épousé Amazir Ben Said – « cultivateur » selon l'administration française –, mais la date et le lieu de leur mariage ne sont pas indiqués. Aucune autre naissance ne figure dans les registres de Mechtras. J'en déduis que mon grand-père n'a probablement pas eu de frère ou de sœur, ce qui était rare dans les familles kabyles d'alors. Peut-être Tamila a-t-elle fait plusieurs fausses couches ou bien les enfants sont-ils morts en bas âge avant la naissance de mon grand-père. Toujours est-il qu'il devait être fils unique, qu'il a été privé de sa maman très jeune et a sans doute été éduqué par une tante ou une grand-mère…

Je lis et relis l'acte de décès. Dire que je porte le nom de mon arrière-grand-mère, je n'en reviens toujours pas ! Je ferme les yeux et m'évade dans mes pensées avec l'espoir qu'un visage émerge du néant. Était-elle brune, châtain ou rousse ? Et ses yeux étaient-ils couleur noisette d'automne, bleu comme l'azur ou vert… comme les miens ? Mon grand-père a-t-il hérité de la noblesse de son visage ? Ou du tempérament de feu qui parfois l'animait ? Quel pourrait être ce quelque chose de Tamila que j'aurais en moi ? Et si ce « quelque chose » résidait dans la magie des liens invisibles qui unissent les générations par-delà le temps et l'oubli. Tandis que ces interrogations flottent dans l'air de notre appartement parisien, un nuage de pensées sombres afflue et mon esprit s'obscurcit. L'horreur de la mort se dresse devant moi…

J'imagine Tamila enceinte de son deuxième enfant, couchée sur une natte tachée de sang et succombant à une grossesse compliquée sous le regard impuissant de son mari et de son fils…

J'imagine Aghdim, des années plus tard, quand la cruauté de la vie le frappe à nouveau. Il assiste à la mort de sa femme alors qu'elle donne naissance à mon père. Après Tamila sa mère, Tassadit son épouse. Double peine, double traumatisme.

J'imagine aussi une souffrance sans fin. C'est le malheur qui pousse Aghdim à fuir la Kabylie et à s'exiler en métropole. Il s'enferme dans une chambre d'hôtel pendant plus de cinquante ans, seul avec ses fantômes. Toute son existence, il se sera demandé pourquoi le bonheur lui aura si férocement tourné le dos. J'entends encore la voix de mon grand-père lorsqu'il me répétait avec insistance : « Ma petite-fille, ton destin est gravé dans une pierre et, quoi que tu fasses, tu ne le changeras pas. » Après tous ces drames, il pensait que se révolter était inutile. Il avait accepté l'inacceptable.

Dimanche 28 avril
Champagne, couscous et mektoub

Dix jours ont passé. J'ai invité mes frères à déjeuner et leur ai demandé de venir seuls, sans épouses ni enfants. Intrigués, ils ont voulu savoir pourquoi. J'ai simplement répondu : « C'est une sorte de conseil de famille. Rien que nous. Et c'est important. » Mon frère aîné Philippe est le premier à arriver, comme souvent.
« Qu'est-ce que ça sent bon, toutes ces épices ! Tu nous as fait un couscous ?
— Oui, cela me semblait approprié…
— Comment cela, approprié ? Cela fait-il partie du mystère de ce déjeuner ? »

On sonne à la porte. Ce sont mes deux autres frères, Vincent et Charles, nés quatre ans avant moi. Excepté mon frère cadet qui est un peu ronchon en l'absence de sa femme, l'ambiance est plutôt détendue. Cela fait si longtemps que nous n'avons pas été réunis

juste nous quatre. Et l'idée de manger un couscous les réjouit. Hugo ouvre une bouteille de champagne et se fait chambrer :
Philippe : Alors tu fais partie des Hamroun maintenant ? Je croyais qu'on était convoqués à un conseil de famille.
— Oubliez-moi. Je ne suis là que pour remplir vos coupes. Je vais rejoindre Lou chez des amis.
Vincent, se retournant vers moi : Alors Pauline, qu'as-tu de si important à nous dire ?
Moi : Hugo et moi revenons d'un voyage en Kabylie…
Philippe : Quoi ? T'es allée en Kabylie sans nous prévenir ? Vous étiez au courant, les frères ? *(Dénégation de la tête des deux cadets.)*
Moi : Je suis désolée, je n'ai pas osé vous le dire. Comme si quelque chose m'en avait empêchée.
Vincent : Mais qu'es-tu allée faire là-bas ?
Moi : Effectuer des recherches sur le passé de notre famille. J'ai voulu savoir pourquoi Grand-père a vécu si longtemps dans une chambre d'hôtel et pourquoi il a toujours refusé de parler de lui et de sa famille en Kabylie. Vous ne vous êtes jamais posé cette question ?
Charles : Mais de quelle famille parles-tu ? À part le grand-père et un cousin de papa, nous n'avons jamais entendu parler de personne. Pourquoi remuer ce passé ? Pour trouver quoi ? Tu sais bien ce que disait maman…
Vincent : Bravo, petite sœur. Moi, je trouve ça gonflé que tu sois partie sur les traces de Grand-père !
Philippe : Et tu as trouvé quelque chose ? Tu as rencontré des petits cousins Hamroun ?
Moi : Non, nous ne sommes pas restés assez longtemps en Kabylie… Mais oui, je suis revenue

avec trois documents officiels : l'acte de naissance de Grand-père, celui de notre grand-mère Tassadit, ainsi que leur acte de mariage.
Philippe : Et alors ?
Moi : Et alors, aujourd'hui est un jour très spécial.
Vincent : Ah bon, pourquoi ?
Moi : Écoutez-moi bien… Grand-père a épousé Tassadit le 28 avril 1924 à 10 heures du matin.
Charles, toujours grognon : Je ne comprends pas.
Philippe : Mais si ! Aujourd'hui, 28 avril 2024, c'est le centième anniversaire de leur mariage ! Mais quelle belle surprise, Pauline !
Vincent : Et quelle bonne idée de nous avoir réunis ! Mais sait-on quel âge avait Tassadit quand elle s'est mariée avec Aghdim ?
Moi : Dix-huit ans et Grand-père, vingt-cinq ; et trois ans plus tard, elle a perdu la vie en donnant naissance à papa.
Charles : Pauvre papa qui n'a jamais entendu parler de sa maman jusqu'à ses soixante ans passés et qui n'a jamais su qu'elle était morte si jeune…
Moi : Alors, levons nos coupes de champagne et trinquons à Tassadit…
Philippe : À nos grands-parents qui se sont unis de l'autre côté de la Méditerranée et qui sont réunis dans nos cœurs aujourd'hui à Paris.
Vincent moins lyrique : À toute la famille !
Charles : J'espère que le champagne est bon…
(Silence gêné des autres frères.)
Philippe : Maintenant qu'on sait, on pourrait passer à table, non ?
Moi : Oui, mais je ne vous ai pas encore tout dit…
Les trois frères, en chœur : Ah bon ?
Moi : La suite au déjeuner. D'accord ?

Mes frères s'étonnent de la table dressée pour l'occasion : une nappe en lin naturel avec au centre deux couronnes végétales… pour les jeunes mariés de 1924. Elles sont tressées de feuillage vert vif et parsemées de marguerites blanches et de genêts teintés de jaune et de rose, des fleurs printanières qui tapissent les prairies de Kabylie. Clin d'œil à notre voyage, deux bols de faïence blanche ornés de symboles kabyles bicolores rouge et noir débordent de dattes et de raisins secs. Lorsque j'apporte le plat de semoule, je vois à nouveau la surprise sur leurs visages.
Philippe : Tiens, ce n'est pas la semoule habituelle !
Vincent : Maintenant, tu mets des petits pois et des fèves dans la graine ?
Charles, faisant la moue : C'est étrange, ces moitiés d'œufs durs par-dessus…

Je leur explique qu'en Kabylie j'ai découvert que ce plat célébrait – une fois par an – le retour du printemps, comme le couscous aux légumes secs pour Yennayer, le Nouvel An. Je sers la semoule tandis que mon frère aîné verse le bouillon où veau, agneau et petits légumes ont mijoté de longues heures. Malgré l'air pincé de Charles, j'ai l'impression que le « couscous du printemps » a du succès.

Hallucination, réalité ou vérité ?

C'est mon frère aîné qui décide de rompre le cliquetis des couverts qui s'entrechoquent :
Philippe : Il me semble, Pauline, que tu avais encore des choses à nous apprendre…
Moi : Je ne sais pas si vous allez me croire, mais j'ai vécu un épisode quasi surnaturel.
Charles : Tiens donc !

Vincent : Un truc surnaturel ? Mais quand ça ? Raconte.
Moi : Lorsque j'ai tenu entre mes mains l'acte de mariage de nos grands-parents, j'ai vu mon nom Pauline Hamroun écrit en caractères majuscules et en gras tout en haut du document !
Charles : Mais si l'acte datait de 1924, c'est impossible ! Tu as dû avoir une hallucination.
Moi : Non, Charles, je ne délirais pas. J'ai bien vu mon prénom français. Je me souviens même d'avoir crié, mais lorsqu'Hugo a voulu vérifier, il avait disparu.
Charles : Appelons ton mari. Ça tombe bien, il vient de rentrer. Lui au moins ne voit pas des signes partout.
Hugo se joint alors à nous.
Philippe : Toi, Hugo, comment as-tu vécu cette apparition ? Tu y crois vraiment ?
Charles : Mais non, bien sûr qu'il n'y croit pas !
Hugo : Bah, c'est-à-dire que… je n'ai pas voulu donner raison à Pauline sur le coup… parce que ça m'énervait.
Moi : Ça t'énervait ? Mais qu'est-ce qui t'énervait ?
Hugo : Bah, d'avoir moi aussi vu ton nom sur l'acte. Oui, je reconnais, je l'ai vu un instant.
Moi : Quoi, tu l'as vu ? Et c'est seulement maintenant que tu avoues ? Alors qu'à Mechtras, tu m'as traitée de *dingue* !
Hugo : Je ne sais pas pourquoi j'ai réagi comme ça. Tout était tellement absurde, je n'arrivais pas y croire.
Vincent : Hugo, comment expliques-tu le fait d'avoir vu toi aussi son prénom et son nom de famille ?

Hugo : J'y ai réfléchi et je crois que cela relève de l'autopersuasion. Imaginez la scène : Pauline est incroyablement émue, elle me dit qu'elle voit son nom, donc je suis influencé et je le vois aussi. Je ne vois pas d'autre explication.
Charles : OK pour l'autopersuasion. Problème résolu. Et si on passait au dessert ?
Moi : Ce que tu ne comprends pas, Charles, c'est que si mon prénom est apparu, c'est pour attirer mon attention sur celui de la mère de grand-père. Il figurait juste quelques lignes en dessous du mien et ce prénom, c'est Tamila…
Vincent : Tamila ? Mais c'est ton deuxième prénom, Pauline !
Charles : Un prénom que tu as toujours voulu supprimer de tes papiers d'identité.
Philippe : C'est vrai que tu faisais tout pour le faire oublier. Alors que tu aimais bien les nôtres, je m'en souviens.
Moi : Je le détestais parce que petite, j'ai toujours entendu dire que papa avait été abandonné par son père. Et donc, je ne voulais pas de ce prénom kabyle.
Charles : Et aujourd'hui ?
Moi : Apprendre que je porte le prénom de cette arrière-grand-mère m'a fait un choc. J'en ai eu les larmes aux yeux. Tout d'un coup, j'étais la seule dépositaire d'un secret de famille : Grand-père a demandé à son fils de me donner le prénom de sa mère !
Charles : Tu peux répéter ? Je n'ai rien compris.
Philippe : Elle veut dire que son prénom Tamila a fait un saut de trois générations. Tu comprends maintenant ?

Vincent : Je ne sais pas, vous, mais moi je crois Pauline. J'ai lu que les défunts pouvaient interagir avec la matière : une ampoule qui s'allume et s'éteint, un objet qui disparaît et que l'on retrouve soudainement, le SMS d'un ami mort qui arrive sur ton portable…
Charles : Non, mais là, vous êtes en plein délire !
Vincent : Charles, si Pauline a vu son nom apparaître, c'est que ce papier lui était destiné et, d'une certaine manière, il l'attendait. Ce n'est pas un hasard non plus d'être allé en Kabylie au moment du centième anniversaire du mariage.
Moi : J'en suis convaincue, Vincent.
Vincent : Ce que je ne comprends pas, c'est pourquoi Grand-père a fait de ce prénom un secret ?
Moi : Moi je le sais.

Les yeux de mes frères semblent suspendus à mes lèvres…
Philippe : T'as consulté une médium ?
Moi : Pas la peine. La semaine dernière, j'ai reçu l'acte de décès de Tamila. Et j'ai découvert qu'elle était morte à trente-cinq ans quand Grand-père avait sept ans…
Vincent : Si ça se trouve, il a perdu sa mère dans les mêmes circonstances que sa femme Tassadit, peut-être un accouchement qui a mal tourné.
Moi : C'est ce que je suppose aussi, mais Grand-père a gardé ses drames pour lui. Il n'a jamais osé me dire que je portais le prénom de sa mère.
Vincent : Et pourquoi ?
Moi : Pour ne pas me porter malheur. Comme il n'a pas voulu non plus faire porter à papa la culpabilité de la mort de sa femme.

Philippe : Eh bien, Pauline, tu en as eu des émotions pendant ce voyage.
Moi : Oh que oui et j'espère bien qu'il y aura un prochain voyage…
Philippe : Avec moi !
Vincent : Et moi aussi !
Charles : Sans moi.

Et si c'était elle ?

Il est plus de 16 heures lorsque mes frères quittent la maison. Épuisée, je m'installe sur la banquette, mes paupières se ferment doucement. Une musique lointaine s'élève. Des tambourins résonnent, il me semble aussi entendre une flûte joyeuse… Peut-être s'agit-il de ce groupe de musiciens qui, un dimanche sur deux, vient égayer la rue piétonnière au pied de notre immeuble. Je somnole. Les sons deviennent plus intenses, presque envoûtants. Des voix juvéniles chantent. Le ciel est d'un bleu irréel qui me transporte…

Je me retrouve dans une prairie de pâquerettes et de coquelicots en contrebas d'une montagne. Des villageoises s'avancent vers moi, elles portent des robes chamarrées aux motifs géométriques teintés de rouge, d'orange, de vert… Des petites filles ont des couronnes tressées de feuillages sur leurs têtes et agitent des rubans de tissu qui flottent au bout de baguettes. Un garçon les suit, guidant une mule blanche et, sur son bât, deux corbeilles remplies de fleurs. Soudain, un visage surgit, celui d'une jeune fille aux longs cheveux noirs entrelacés de marguerites blanches et jaunes. Elle me sourit. Son bonheur déborde et son regard, intense et velouté, me transperce.

L'image vacille et se dissipe, puis la jeune fille réapparaît drapée d'une cape d'un bleu profond. Un diadème incrusté de cabochons de corail fait ressortir des yeux en amande. Elle porte au cou un lourd collier fait de plusieurs rangées de sequins dorés. Elle dénoue les cordons de sa cape qui glisse dans l'herbe et dévoile une robe écrue ornée de broderies et de galons cuivrés. Elle se met à tourner sur elle-même, enveloppée par les youyous des villageoises et le rythme magnétique des tambourins. Les petites filles font alors une ronde autour d'elle et frappent dans leurs mains en cadence. C'est une jeune mariée.

De nouveau, l'image devient floue. La promise revient avec éclat dans une robe jaune d'or serrée à la taille par une large ceinture en argent martelé. Ses poignets sont parés de plusieurs bracelets et ses mains tatouées de motifs au henné. Elle me fait un signe et montre quelque chose sur sa poitrine. D'un geste à la fois précis et lent, elle désigne une broche que je n'arrive pas à distinguer. Elle insiste. Un rayon de soleil éclaire soudain le bijou. C'est un scarabée à la coque vert-bleu sertie de pierreries. Il scintille comme s'il était vivant.

Je me réveille brusquement, la pièce est baignée de lumière.

J'ai vu Tassadit.

12

Le fantastique, l'au-delà, le rêve,
la survie, le paradis, l'enfer, la poésie,
autant de mots pour signifier le concret.

LOUIS ARAGON, *LE PAYSAN DE PARIS*

Cette fois, j'ai dit oui.

3 juillet 2024
Dans les pas d'Honoré de Balzac

Fin août, je donnerai une conférence à la Forêt des livres, le plus grand salon du livre de Touraine. Le sujet : « La nature dans l'œuvre de Balzac ». Comment aurais-je pu dire non ? J'ai si longtemps cherché le sens véritable de cette phrase : « L'amour pour la nature est le seul qui ne trompe pas les espérances humaines » (*Le Médecin de campagne* n'est pourtant pas mon roman préféré de Balzac).

Il faut savoir que chaque dernier dimanche d'août un petit miracle se produit à Chanceaux-près-Loches. C'est un peu comme si l'enfant du pays, Gonzague Saint-Bris – bien que disparu en 2017 – continuait depuis l'au-delà à orchestrer cette belle fête initiée en 1995. Là, dans ce village forestier, une foule de vingt-cinq mille visiteurs afflue depuis trois décennies. Particularité : les écrivains y sont plus nombreux que les habitants, 150 pour 120 ! Dans ce microcosme littéraire évoluent de vieilles familles françaises : les Saint-Bris, héritiers du Clos Lucé, le château offert par François Ier à Léonard de Vinci, mais aussi les descendants des forges Schneider et ceux des frères Mame, les premiers éditeurs d'Honoré de Balzac… avant qu'il commençât *La Comédie humaine*. Lorsque j'arrive à Chanceaux, j'ai du mal à comprendre qui n'est pas cousin de qui… mais tout ce petit monde a l'air de bien s'entendre et s'accorde à préserver l'âme de ce salon unique en France qui se tient sous des arbres centenaires et dans un extravagant *chalet des chasseurs* aux allures bavaroises !

Je dois d'abord m'imprégner de la beauté des paysages de la vallée de l'Indre afin de ressentir ce que Balzac éprouvait dans ses promenades quotidiennes. Hugo m'entraîne vers Azay-le-Rideau, au château de Saché où l'écrivain se réfugiait « comme dans un monastère » pour se ressourcer et écrivait jusqu'à quinze heures d'affilée. Il trouvait l'inspiration dans cet environnement aussi empreint de poésie que propice à la contemplation. C'est ici dans ce château Renaissance qu'est née l'intrigue du *Lys dans la vallée* et que le roman a été en partie rédigé.

Dans cette histoire d'amour contrarié, la nature a indéniablement le premier rôle, elle révèle le désir du jeune Félix de Vandenesse et son amour pour la comtesse Henriette de Mortsauf. Les rivières, les collines et les bois deviennent les métaphores puissantes des tourments intérieurs du jeune homme et seules les brassées de fleurs qu'ils cueillent ensemble l'apaisent : des lys, allégories de la pureté bien sûr, mais surtout des fleurs des champs, violettes, marguerites, liserons, clématites, pois de senteur, coquelicots, renoncules et bleuets, symboles de sincérité et de simplicité. Sans oublier « les brins tortueux des chèvrefeuilles », images du lien amoureux, et « la pluie incessante du pollen » à connotation sexuelle… Ce n'est pas un hasard si la demeure de la comtesse, le château de Clochegourde – pourtant à peine décrit dans le roman – prend une dimension magique avec ses vues spectaculaires sur la vallée de l'Indre et ses allées d'arbres « qui s'élèvent à la hauteur des plus grandes conceptions morales ». Aujourd'hui, c'est devenu le manoir de Vonnes à Pont-de-Ruan et je viens de le visiter. Les grands parterres ou les terrasses descendant vers la rivière ont disparu… mais l'ombrelle d'Henriette et les cris de ses deux enfants semblent toujours accompagner le promeneur.

Au début de ma réflexion sur Balzac, je pensais comprendre l'écrivain, mais un mystère demeure : pourquoi la nature, magnifiée dans ses premières œuvres comme personnage à part entière, disparaît-elle après l'année charnière qu'est 1836 pour l'écrivain ? Comme s'il n'y avait plus rien de beau ou d'étrange à contempler dans la faune et la flore et que l'espèce humaine fût la seule à mériter que Balzac y trempât sa plume… Dans les *Scènes de la vie parisienne,* l'univers végétal se réduit souvent à un bouquet de fleurs apporté par un serviteur en livrée ou à un jardin qu'on observe du balcon d'un hôtel particulier du quartier Saint-Germain. Peut-être n'y avait-il plus de place pour la nature dans l'immense fresque de *La Comédie humaine* peuplée de centaines de personnages. À moins que le bruit et la fureur des hommes aient fini par étouffer « l'amour de la nature » exalté dans ses premiers romans par le docteur Benassis, médecin de campagne, ou l'androgyne Séraphitüs-Séraphîta. Telle sera sans doute la conclusion de ma conférence…

Rencontre du troisième type dans le chalet de Gonzague

J'attends. Assise sur une banquette tapissée de velours de Gênes grenat, je fais face à la grande fenêtre qui s'ouvre sur une allée de platanes et un petit étang. Le descendant des Mame ne devrait pas tarder. Un mouvement imperceptible capte mon attention. Un insecte étrange s'avance vers moi ; sa carapace lourde et luisante contraste avec des pattes fines étonnamment agiles ; il grimpe sur le dossier de la banquette et s'immobilise à quelques centimètres de mon visage. Un scarabée doré ? Impressionnant, je n'en avais encore jamais vu.

J'entends des pas s'approcher. Sans doute mon rendez-vous qui arrive. Je me tourne vers l'entrée. Une voix rocailleuse perce le silence…
« Je tenais à vous rencontrer… »

Je sursaute et me lève, persuadée que l'héritier de la famille Mame est là. Mes yeux fouillent la pièce. Vide. Rien. Personne. Perplexe, je me rassieds et songe à Gonzague Saint-Bris. Peut-être son âme habite-t-elle toujours le chalet ? La voix retentit à nouveau, plus proche :
« Vous ne me reconnaissez pas ? J'étais avec vous dans la forêt… »

Je scrute chaque recoin. D'où viennent ces paroles sibyllines ? Mon regard tombe sur la petite créature dont les antennes s'agitent. Une phrase m'échappe, presque malgré moi :
« Mais… dans quelle forêt ?
— Celle de Yakouren en Kabylie.
— Comment ça ? Mais c'est impossible ! »

Un rire légèrement moqueur semble émaner des ombres environnantes.
« Rien n'est impossible pour nous qui habitons la Terre depuis des millénaires et renaissons chaque matin.
— Mais vous ne pouvez pas être ici et avoir été là-bas… »

Incapable de détacher mes yeux de l'insecte, mes paroles s'étouffent dans la gorge. Est-ce lui qui parle ou mon esprit qui me joue des tours ?
« L'impossible n'est pas ce que vous croyez. L'impossible, c'est vous.
— Moi, Pauline ?
— Oui, vous. Ou plus exactement ce que vous êtes devenue. Vous ne le savez pas encore, mais un lien invisible nous unit. Pour les anciens Égyptiens, je suis “celui qui vient à l'existence” et vous, vous avez guidé un être proche vers la lumière.
— Je ne vous suis pas…
— Je vous ai observée dans la forêt et je vous ai entendue lire une lettre adressée à votre père. Vous m'avez ému, et je suis apparu.
— Le scarabée, c'était vous ? Mais pourquoi êtes-vous resté silencieux ?

— Ce n'était pas le moment. Maintenant, vous allez comprendre pourquoi vous avez accompli l'impossible.
— Mais que me racontez-vous là ?
— Votre grand-mère Tassadit était comme une ombre perdue dans les ténèbres. Elle errait dans un monde où personne ne se souvenait d'elle, car jamais son mari n'avait osé évoquer son souvenir et son fils ne l'avait pas connue. Et pour ses petits-enfants, pire encore, c'était comme si elle n'avait jamais existé. Vous vous souvenez de la clairière ?
— Celle où j'ai creusé la terre de mes mains ?
— Oui.
— Cet endroit si beau, si serein…
— Illusion. Jusqu'à votre venue, cette clairière était sombre, les arbres pleuraient en silence et aucune fleur n'y poussait. Les seuls oiseaux à la survoler étaient des messagers de malheur.
— Vous me glacez.
— Après avoir enfoui cette lettre, vous avez réussi quelque chose d'extraordinaire.
— D'extraordinaire ?
— Ce jour-là, vous avez réinsufflé la vie à une âme oubliée, celle de votre grand-mère. Elle a enfin pu rejoindre ceux qu'elle chérissait et vous lui avez offert l'amour qu'elle méritait. Dans la nuit qui a suivi, les arbres ont repris leurs murmures et des ombres blanches ont dansé de joie. Un chardonneret est même venu chanter à l'endroit précis où vous avez creusé. Tassadit s'est alors dévoilée, baignée de paix et de lumière sous les étoiles. Comprenez-vous maintenant pourquoi l'impossible a été accompli ?

— Heu, oui… enfin… je ne sais pas. Je suis troublée. Mais pourquoi m'avez-vous dit qu'un lien invisible nous unissait ?

— La vérité, c'est que nous sommes liés depuis ce jour fatidique où votre belle-mère vous a offert un scarabée en onyx rapporté d'Égypte.

— Vous voulez parler du pendentif en forme de scarabée, le tout premier cadeau de ma belle-mère ? C'était un an après ma rencontre avec Hugo. Mais comment savez-vous tout cela ?

— Je le sais. Et je sais même que, depuis peu, vous avez recommencé à le porter.

— C'est exact… Mais quelque chose m'intrigue : pourquoi parlez-vous de *jour fatidique* ?

— Ce jour-là, en tenant le scarabée dans vos mains, un lien s'est tissé et a scellé notre destin commun, mais vous n'en étiez pas consciente. Puis-je d'ailleurs connaître son nom ?

— Le nom de qui ?

— Celui de votre belle-mère.

— Marguerite, mais elle préférait qu'on l'appelle Lily.

— Je m'en souviendrai. Comprenez que vous, moi et vos descendants sommes désormais reliés dans la trame infinie du temps.

— Reliés par quoi ?

— Par un fil aussi invisible que celui d'une araignée. N'ayez crainte, vous comprendrez bientôt…

— Mais qui êtes-vous ?

— Un messager.

— Un messager ? Mais de qui ou de quoi ?

— Ne soyez pas impatiente. J'ai encore des révélations à vous faire.

— De nouvelles révélations ?
— Oui, des scarabées viendront à vous. D'ailleurs, vous en avez souvent croisé, mais vos yeux ne les ont pas reconnus.
— Heu… je me souviens très bien du scarabée dans le jardin en Bourgogne. Il y en avait d'autres sur mon chemin ?
— Oui. À l'avenir, il vous faudra être attentive et apprendre à déchiffrer nos messages. Une dernière chose encore…
— Je vous écoute.
— Les scarabées qui apparaîtront porteront en eux les secrets et les récits de votre lignée.
— De ma lignée ? Quelle lignée ?
— Il me faut partir maintenant, mais nous nous reverrons.
— Où et quand, dites-le-moi.
— N'insistez pas. Auriez-vous l'amabilité de m'ouvrir la fenêtre ? »

Je m'exécute. Le scarabée soulève délicatement ses élytres métalliques et déploie ses ailes translucides. D'un léger battement, il prend son envol vers le couchant. Les derniers rayons du soleil irisent sa coque dorée. Je ne le quitte pas des yeux. Il devient un point lumineux dans le ciel puis finit par disparaître.

Le passeur d'âmes

Abasourdie, je me demande si je n'ai pas rêvé cette scène. Non. La fenêtre est bel et bien ouverte. Une porte s'ouvre, c'est Nadine, la co-organisatrice de La Forêt des livres, qui revient…
« Pauline, votre rendez-vous n'est pas arrivé ?

— Non, je suis seule.
— Ah, c'est étrange, il me semblait avoir entendu une autre voix.
— Heu non, c'est moi qui réfléchissais à haute voix à propos de ma conférence. Cela m'arrive parfois.
— À moi aussi. On se sent si seul dans ce chalet depuis que Gonzague n'est plus là…
— À propos, Gonzague n'avait-il pas des ouvrages sur l'Égypte antique dans sa bibliothèque ?
— Si, il adorait cette période et, si mes souvenirs sont exacts, il disait même qu'il aurait aimé vivre sur les bords du Nil en ces temps où mille prêtres vénéraient mille dieux… Allez voir sur l'étagère qui fait face à la cheminée, il y a une encyclopédie en cinq volumes sur les pharaons égyptiens, une édition de 1892. Mais au fait, pourquoi cet intérêt pour l'Égypte, Pauline ? Je pensais que vous travailliez sur Balzac.
— Oui, bien sûr, mais je me demandais si Honoré avait un lien de parenté avec Charles-Louis Balzac, l'un des dessinateurs de la *Description de l'Égypte* réalisée après l'expédition de Bonaparte. Cela expliquerait son obsession des détails…
— Aucune idée. Bon, je vous laisse. Je dois retourner à mon travail. »

Les livres sont poussiéreux, mais utiles ; j'y découvre un dieu à corps d'homme et à tête de scarabée, Khépri. Il est le symbole du soleil levant et de la renaissance, gardien du cycle de la vie et de la mort pour l'éternité. C'est lui qui guide les âmes des défunts vers la lumière et les aide à renaître dans l'au-delà. Selon *Le Livre des morts*, un talisman en pierre ou en jade appelé « scarabée du cœur » est placé sur la poitrine du défunt dans chaque sarcophage afin de le protéger lorsque Osiris, *maître de l'éternité* et dieu du royaume des morts, procède à la « pesée des âmes ». Si le cœur est suffisamment lourd, le défunt accède alors à l'immortalité... L'encyclopédie décrit Khépri comme un « dieu psychopompe », qui conduit les âmes des morts vers l'au-delà et les fait passer du monde obscur à celui de la lumière.

Ce scarabée doré serait donc un passeur d'âmes ? Comme un écho venu des ténèbres, sa voix rauque résonne toujours en moi et m'enveloppe de mystère. J'ai l'intime conviction qu'il est l'émissaire de mes ancêtres, venu éclairer mon chemin. Mais pourquoi maintenant ? Et quand le reverrai-je ? Je me demande aussi si celui qu'on nomme « le maître des formes et des transformations » revêtira une nouvelle apparence. En saurai-je bientôt plus sur l'histoire de ma lignée ou sur ma destinée ? Et quand les fils invisibles qui tissent mon existence vont-ils se dénouer ?

Je me surprends à espérer le retour de la créature.

13

Je feins l'adulte, mais, secrètement,
je guette toujours le scarabée d'or,
et j'attends qu'un oiseau se pose
sur mon épaule... pour me parler
d'une voix humaine et me révéler
enfin le pourquoi du comment.

ROMAIN GARY, *LA PROMESSE DE L'AUBE*

La porte claque, c'est Hugo qui s'en va avec fracas.

Dimanche 18 août 2024
Quand le ciel s'obscurcit

Pourtant, le déjeuner avait plutôt bien commencé… jusqu'à ce que nous parlions de l'avenir de Lou. Et, comme souvent, nous n'étions pas d'accord. À un moment, le ton est monté. Je me souviens de lui avoir reproché de toujours donner raison à notre fille et de me rabaisser, ce qui a suscité son incompréhension. Puis, sa colère. Il m'a dit que je racontais n'importe quoi et qu'il n'aimait plus « la femme que j'étais devenue ». Il a même évoqué notre séparation. Je suis restée clouée sur ma chaise, blessée.

De l'orage, il y en a parfois eu dans notre couple, mais le soleil a toujours fini par revenir. Il y a quelques jours seulement nous étions si joyeux, si amoureux dans les cours du palais ducal de Mantoue… Les mots d'Hugo résonnent dans ma tête : « Je n'aime pas la femme que tu es devenue. » Ai-je changé ? Suis-je devenue une étrangère à ses yeux ? Le bonheur s'est-il évaporé ? Je sors sur le balcon, m'assieds et contemple le ciel. Bleu. Et moi qui me sens si triste. Je travaille pour oublier. Lecture d'Héraclite pour préfacer l'essai d'un ami. Je tombe sur ce fragment présocratique : « Toutes choses naissent de la discorde »...

À 19 heures, la porte claque à nouveau. Je m'attends au pire, mais Hugo revient, le sourire aux lèvres. « Tu m'as tant manqué, Pauline ! Une promenade sans toi, c'est comme un éclair sans chocolat... Tu sais, j'ai eu peur que tu sois partie... » avoue-t-il avec une légèreté qui me déconcerte. Puis, tout aussi enjoué : « Ce soir, c'est moi qui cuisine. Je vais te préparer un bon dîner ! » Je reste de marbre. Il a quitté furieux la maison et le voilà aimant et gai, comme si de rien n'était. Je ne sais que penser de ce revirement soudain. En attendant, je vais ranger la chambre de Lou qui revient demain matin.

« Pauline, c'est prêt ! » La salle à manger est encore inondée de la lumière du soleil couchant. Hugo a fait un effort, la table est joliment décorée de citrons verts et jaunes. J'apprécie, mais je ne le remercie pas, ses paroles me font toujours aussi mal. Je le regarde. Son visage est détendu, il a le teint hâlé. L'été lui va bien. Il semble réjoui. Il se dirige vers une fenêtre et, tout à coup, j'aperçois quelque chose qui brille sur sa chemise. Je me lève et m'approche de lui, il pense que je vais l'embrasser...
« C'est quoi cet insecte sur ta chemise, Hugo ? *(Mes premières paroles depuis notre querelle !)*
— Un insecte ? Mais où ? »

Sans lui répondre, je saisis mon portable pour photographier cette petite boule qui m'intrigue. Sur l'image

agrandie, je découvre que son corps vert métallisé est traversé de rayures verticales bordeaux.
« Oh, mais… c'est un scarabée.
— Montre la photo », s'impatiente Hugo tandis que je prends une feuille de papier blanc pour la glisser sous les pattes de l'insecte.

Le scarabée se met à marcher et même Hugo semble captivé. Je décide de lui rendre sa liberté et vais le poser sur une feuille d'hibiscus tout en l'interrogeant à voix basse :
« Scarabée, dis-moi qui t'envoie ? »

Aucune réponse. J'insiste.
« Es-tu porteur d'un message ? Viens-tu de la part du scarabée de Touraine ? »

Il s'immobilise puis s'envole. Je suis en train de le perdre de vue quand la voix d'Hugo me ramène à la réalité :
« Pauline, un risotto, ça n'attend pas ! Qu'est-ce que tu fabriques ? »

Je m'assieds à table, absorbée par la vision du scarabée. Hugo le remarque et se lance dans une explication :
« Tu sais, cet insecte, je l'ai probablement rapporté de ma balade sur les quais de la Seine.
— Et il serait resté sur ta chemise pendant plusieurs kilomètres sans bouger ?
— J'ai aussi arrosé les plantes sur le balcon. Peut-être est-il venu à ce moment-là…
— Supposons. Mais ensuite, tu as cuisiné pendant une heure et il ne t'a pas quitté. Il a dû avoir un sacré coup de foudre pour toi !
— Très drôle, très spirituel ! Tu vois, pour la première fois, je m'interroge : et si ce scarabée était un signe ?

— Et ton cartésianisme, qu'en fais-tu ? Disparu avec ta méchanceté ?
— Tu penses qu'il y a un lien entre notre dispute et cet insecte ?
— Tu veux vraiment connaître mon interprétation ?
— C'est le moment ou jamais, non ?
— D'abord, arrête de dire insecte, c'est un scarabée ! Eh bien, selon moi, il a surgi pour me soutenir après toutes les horreurs que tu m'as balancées à la figure. »

Hugo affiche un air contrit.
« Tu m'avais énervé.
— Ce n'est pas une raison.
— Bon, d'accord, Pauline, j'ai eu tort. Et si maintenant je te disais que Tassadit nous a envoyé ce scarabée pour nous réconcilier ?
— Alors, je te répondrais que Tassadit… elle est trop forte ! »

Hugo sourit. Moi aussi.
« Et ton risotto, il est à quoi déjà ?
— Aux champignons des bois. Et accompagné du…
— Du bardolino qu'on a bu sur le lac de Garde ?
— *Certamente !* »

Conversation surréaliste deux mois plus tard

Ce midi, je croise dans la rue l'ancienne conseillère d'éducation du lycée où notre fille était scolarisée. Une petite femme aux yeux bruns et aux cheveux noirs tirés en chignon, invariablement vêtue d'un tailleur couleur « soupe de légumes », comme s'en amusait Lou. Malgré son air sévère, je l'ai toujours trouvée à l'écoute des élèves… et de Lou en particulier.

Après m'avoir demandé de ses nouvelles, elle m'annonce le décès dans un accident de scooter d'un ancien élève, Erwan. Elle se souvenait de l'avoir souvent puni pour ses insolences et me demande si Lou le connaissait. « Je n'en suis pas certaine, je lui en parlerai », ai-je poliment répondu dans un premier temps. À la voir si bouleversée, je décide de rester et de l'écouter. Elle me confie s'être rendue sur la tombe de l'élève et « qu'un bourdon est venu l'enquiquiner », l'empêchant de se recueillir. Elle est persuadée que le bourdon, c'était encore un coup d'Erwan, lui qui s'amusait à perturber les cours. Puis, sa voix devient inaudible et je ne saisis pas tout de suite ses paroles. Elle me demande « si je crois à la vie après la mort » et aux signes envoyés par les défunts. Je sens alors qu'elle a besoin de se confier et elle s'épanche de longues minutes avant de conclure : « J'aurais préféré qu'Erwan m'envoie un papillon plutôt qu'un scarabée ! » À ces mots, je sursaute :

« Un scarabée ? Mais je croyais que c'était un bourdon et pas un scarabée qui vous avait embêtée ?
— Ah bon, j'ai dit *scarabée* ?
— Oui, oui, à l'instant !
— Ça alors, c'est bizarre. Vous en êtes sûre ? D'autant que je n'aime pas du tout ces bêtes préhistoriques. Je suis tellement chamboulée par la disparition d'Erwan que je me mets à dire n'importe quoi ! À moins que ce ne soit encore lui qui me joue un tour. Il en serait bien capable ! » s'exclame-t-elle avec un petit rire nerveux.

La conseillère d'éducation consulte sa montre.
« Oh, veuillez m'excuser, il faut que je vous quitte. J'ai un rendez-vous avec un parent d'élève et je suis en retard. N'oubliez pas de saluer Lou de ma part. »

Éberluée, je la regarde s'éloigner d'un pas saccadé dans ses escarpins à petits talons. Jamais je n'aurais imaginé que cette femme qui semblait avoir les pieds sur terre me parlerait un jour de la vie après la mort. Mais ce qui me sidère le plus, c'est l'irruption – ou plutôt l'intrusion – du mot *scarabée* dans son discours. Comme si quelqu'un s'était infiltré dans son cerveau pour la pousser à prononcer ce mot fatidique à son insu. Et uniquement à mon intention puisque personne d'autre ne pouvait l'entendre ni même comprendre…

En Touraine, le scarabée d'or m'avait avertie : je serais amenée à rencontrer d'autres porteurs de messages et je devrais y prêter attention. J'essaie de me souvenir… Il y a deux mois, un premier scarabée est bien apparu sur la chemise d'Hugo, mais rien ne s'est passé. Et aujourd'hui, une femme prononce une parole dont je suis la seule à percevoir l'importance. S'agit-il d'indices ou de simples coïncidences ? Et qui pourrait être le chef d'orchestre de ces manifestations ? Tassadit ma grand-mère, Tamila mon arrière-grand-mère, Aghdim mon grand-père ? Ou bien Khépri le dieu scarabée ? Nous sommes le 18 octobre. Dans l'attente d'un prochain rebondissement ?

Mercredi 30 octobre
Quand Netflix s'en mêle…

D'habitude, je ne suis pas accro aux séries télévisées, mais j'avais pris plaisir à suivre *Lidia fait sa loi* sur Netflix en 2023. Ce soir, la série revient avec une deuxième saison de six épisodes. Et en plus, j'adore Matilda de Angelis, cette actrice italienne aux cheveux d'ébène et aux yeux bleus envoûtants qui incarne l'héroïne, une jeune avocate. Lidia Poët, c'est la première femme à être inscrite au barreau en Italie à la fin du XIXe siècle et qui voit sa carrière brisée par des préjugés d'un autre âge. « Si Dieu voulait que vous soyez avocat, il ne vous aurait pas faite femme ! » lui lance-t-on à la figure. Déterminée, elle poursuit son métier dans l'ombre de son frère, lui-même avocat et elle devra attendre ses soixante-cinq ans pour exercer officiellement !

Un premier épisode puis un deuxième… Je ne me lasse pas de la voir se battre pour l'émancipation des femmes, tout en évoluant dans un tourbillon de costumes et de chapeaux époustouflants qui témoignent de la modernité vestimentaire de la vraie Lidia Poët. La série est une féerie de velours, de taffetas, de satin, de motifs floraux et de rayures aux couleurs éclatantes. La voilà surgissant dans une robe bleue, un ruban orange vif noué autour du cou orné d'une broche en forme d'insecte. Mon œil est immédiatement intrigué. Je m'approche de l'écran et découvre que c'est un scarabée ! Je bondis en m'écriant :
« Un scarabée ! Elle porte un scarabée ! »

Hugo accourt, effaré par mes cris.
« Mais qu'est-ce qui t'arrive, Pauline ?
— Regarde cette broche sur l'écran, c'est un scarabée ! Et il est magnifique ! »

Je mets la diffusion en pause, reviens en arrière et fais un arrêt sur image sur le buste de Lidia Poët. Hugo se contente de jeter un œil.
« Bon, encore un scarabée… Mais de là à sauter au plafond, c'est ridicule ! Il est plus de minuit, moi je

vais retrouver les bras de Morphée en attendant les tiens ! J'ai une rude journée demain. »

Encore quelques minutes et l'avocate réapparaît dans une nouvelle robe assortie à un petit chapeau sur lequel est épinglé… un scarabée rouge flamboyant. Je n'en reviens pas. C'est une *dinguerie* comme dirait Lou. J'exulte de joie, mais seule… Hugo est vraiment parti se coucher. Tant pis s'il est tard, je m'autorise un nouvel épisode et j'espère qu'un troisième scarabée surgira. Hélas, rien. Trop excitée pour dormir, je me lance dans une recherche sur le web pour en savoir plus sur ces drôles de bijoux entomologiques datant du XIXe siècle. Je découvre des articles saluant le brio du costumier Stefano Ciammitti qui a conçu la collection des trente robes de la série. Il reconnaît qu'il les a dessinées en s'inspirant de la vraie Lidia et ajoute : « L'amour des détails philologiques m'a été enseigné par mon maître Piero Tosi. » Tosi, c'est l'homme qui a conçu les costumes du film *Le Guépard* avec Alain Delon et Claudia Cardinale en 1963 ! Enfin, j'apprends que les broches et les boucles d'oreilles ont également été imaginées par Stefano et proviennent de la maison Pikkio créée à Rome par Mauro Picchio, une référence dans le monde de la joaillerie. Curieuse, je fais un petit détour par Instagram et trouve le profil de Stefano, @ciammittistefano. Je ne peux m'empêcher de commenter sa photo : « Ces bijoux insectes sont incroyables. Aussi incroyables que vous ! » Le designer doit se coucher tard aussi, une notification m'arrive dans la minute : il a *liké* mon commentaire. Je souris. Il est plus de 2 heures du matin lorsque je rejoins Hugo.

Le lendemain soir, Hugo et Lou partent au cinéma voir *Anora*, la dernière palme d'or du festival de Cannes.

J'ai du travail, mais tant pis, je me branche sur Netflix. L'avant-dernier épisode de *Lidia fait sa loi* commence. Allongée sur la banquette, je m'endors presque... quand, tout à coup, je vois sur l'écran un scarabée noir marcher sur le bois veiné d'une table. J'ai dû m'endormir et rêver. Je me redresse, il est toujours là et avance imperturbable vers un livre relié ancien, *Les Confessions* de saint Augustin. Plus que cinq minutes avant la fin et je n'en saurai pas plus. Le dernier épisode ne m'apporte rien, il se termine sans la moindre trace du mystérieux scarabée noir. Mais pourquoi est-il entré en scène pour disparaître aussi vite ? Peut-être reviendra-t-il dans la saison 3 ? Et d'où venait-il ? De l'Égypte ancienne, lui aussi ? Je me surprends à penser qu'il était là... pour moi et rien que pour moi. C'est absurde, bien sûr, car des centaines de milliers de téléspectateurs l'auront vu, mais combien auront remarqué les quelques secondes de sa présence ? Il n'empêche que les scarabées progressent et se rapprochent. Bientôt, ils me délivreront un message. Je le sais. Comment pourrait-il en être autrement ?

6 novembre
La messagère que je n'attendais pas

Le réveil sonne. Il est 5 heures du matin. Normal, nous avons convenu de nous réveiller tôt pour découvrir les premiers résultats de l'élection américaine. Hugo se précipite dans le salon et aussi sur la télécommande de la télévision. Il se branche sur CNN puis la BBC et la très droitière Fox News et enfin les chaînes françaises, mais j'ai du mal à suivre ces changements incessants. Lui est convaincu

que Kamala Harris va devancer Trump. Moi, je suis persuadée du contraire après plusieurs voyages dans l'Amérique profonde.
« Oh non, c'est pas possible, Trump est en tête. Quel cauchemar ! enrage Hugo.
— Tu vois, on te l'avait bien dit, Lou et moi, que Kamala n'avait aucune chance de l'emporter.
— Il la devance même en Pennsylvanie ! »

Hugo marmonne de dépit :
« On n'y voit rien ici. Tu pourrais pas allumer ?
— Pourquoi moi et pas toi ? Attention, Hugo, le trumpisme commence comme ça !
— Très drôle. »

J'allume une applique quand j'aperçois au plafond une toile d'araignée ; elle se déploie jusqu'à l'angle du mur, visiblement le fruit d'un travail de plusieurs nuits…
« Waouh, c'est Halloween après l'heure ! » dis-je tout haut.

Hugo est tellement absorbé par les résultats qu'il ne m'entend pas.
« Pas possible, même dans le Wisconsin et la Géorgie, c'est Trump qui est en tête. Mais ils sont complètement toqués, ces Américains ! Pauline, tu peux faire un café ?
— Attends deux secondes. Viens plutôt voir cette toile d'araignée, c'est du grand art !
— Pauline, tu es hors sujet. S'il te plaît, fais le café, on en a vraiment besoin. »

Je reviens avec deux tasses fumantes et retourne voir la toile d'araignée, subjuguée par l'œuvre arachnéenne. Soudain, j'aperçois l'artiste, une silhouette

globuleuse suspendue à son fil. Elle descend lentement jusqu'à s'arrêter à hauteur de mes yeux. Son corps est de couleur marron foncé et ses huit pattes – si je ne me trompe pas en les comptant – sont teintées de brun orangé. Sans l'éblouir, je l'éclaire avec la lumière de mon portable ; elle reste immobile ; je pense à Hugo obsédé par Trump alors que moi je suis fascinée par cette petite bête. Trump contre une araignée, quel match ! Pour immortaliser l'instant de la défaite de Kamala Harris, je photographie l'arachnide et zoome sur elle. Et là, stupeur, je découvre sur son abdomen un contour de couleur beige qui évoque – non, je ne rêve pas – un scarabée. Je vérifie sur l'image, aucun doute : le dessin est bien celui d'un scarabée. Je veux quand même m'en assurer et appelle Hugo à la rescousse :
« Hugo, regarde ça » dis-je en lui montrant la photo agrandie.

Il refuse d'abord puis daigne examiner l'araignée d'un œil distrait.
« Eh bien, quoi ?
— Tu savais qu'il existait des araignées scarabées ?
— Pauline, arrête ! Tu commences à me fatiguer avec tes histoires ! L'élection de Trump peut faire basculer le monde dans le chaos et toi, tu te préoccupes d'une araignée ! »

Pas découragée pour autant, je me replonge dans mon portable et fais appel à Google Lens, le service de reconnaissance d'image. Un clic et je fais connaissance avec la *Steatoda nobilis* surnommée la « fausse veuve noire ». Elle est originaire des îles Canaries et de Madère, mais se plaît particulièrement dans les appartements et les environnements urbains. Comme la plupart de ses congénères, elle a huit yeux,

mais se distingue par un motif sur l'abdomen en forme de tête de mort ou de scarabée. Et ses morsures ne présentent pas de gravité pour l'homme…
« T'inquiète pas, Hugo, cette araignée est inoffensive !
— Contrairement à Trump », réplique-t-il.

L'araignée s'est hissée tout en haut de son fil. À voir son attitude figée, j'ai l'impression qu'elle est en train de chasser. Je décide de retourner me coucher, laissant Hugo fulminer. À présent, je sais que les araignées scarabées existent. Quant à la victoire de Trump, je le savais déjà.

Qui joue un tour à Hugo ?

Je prends mon petit déjeuner en compagnie de mes trois félins affamés. Hugo fait irruption dans la cuisine. Il est pâle, l'air grave.
« T'en fais une drôle de tête. Que se passe-t-il ?
— Quelque chose de très bizarre s'est produit, Pauline.
— Et pourquoi apportes-tu ton portable ici ? »

Il pose son ordinateur sur la table.
« Déjà un coup de Trump ?
— Non, c'est sérieux. Quand j'ai rallumé mon ordi, j'ai découvert un fichier nommé IMG_5969.jpg dans ma barre d'onglets. J'ai cru à un piratage, alors je l'ai immédiatement dévirussé et regarde ce qui est apparu… »

Il tourne l'ordinateur dans ma direction.
« Quoi ? L'extrait de naissance de papa ? Tu me fais une blague ?
— Non, je t'assure, Pauline, ce n'est pas une plaisanterie. Je ne savais même pas que j'avais ce doc. »

À voir sa mine déconfite, je le crois. J'examine de plus près le document. C'est la photocopie d'un papier jauni daté de janvier 1951.
« Ah oui, je me souviens maintenant ! C'est moi qui t'avais envoyé la photo. Je l'avais trouvée dans un tiroir de la chambre de mes parents. C'était quelques mois après la mort de papa, il y a plus de cinq ans.
— Je me demande bien comment ce papier a pu refaire surface parmi les dizaines de milliers de documents de mon disque dur. J'ai essayé de comprendre et refait mes derniers gestes sur l'ordinateur, mais rien. Rien qui m'amène à ce fichier IMG_5969.jpg…
— T'es sûr que tu n'as pas fait de recherches sur papa récemment ?
— Je te dis que non. C'est clair ?
— Oui, c'est clair, mais l'histoire ne l'est pas.
— Quel jour étrange : la victoire de Trump, puis cet extrait de naissance !
— Tu veux dire l'araignée scarabée puis l'acte de naissance.
— Quelle idée loufoque de lier les deux ! En tout cas, ce fichier venu de nulle part défie la raison et l'ordre des choses.
— Oui, ton ordre des choses à toi… mais il y en a un autre peut-être, non ?
— On en reparlera. Là, je vais rejoindre mes salariés au bureau. Ça m'étonnerait qu'ils aient vu des araignées au plafond cette nuit. »

Jamais je n'ai vu Hugo aussi troublé. Pour la première fois, il n'arrive pas à trouver une explication rationnelle. Je vois bien qu'il s'interroge. Cependant, il est encore trop fier pour exprimer ses doutes. Encore quelques scarabéidés, coléoptères ou arachnides et mon mari deviendra accro aux signes !

14

Je vous contemple comme un horizon
– l'espace/l'air est entre nous
et fait signe
et je suis plusieurs étages au-dessus
mes pieds tremblant
tandis que je m'agrippe à vous.

MARILYN MONROE, *FRAGMENTS*

On aurait pu tout m'annoncer, mais pas cette mort.

7 décembre 2024
Jour de soleil noir

Pas celle de Thomas. C'était l'ami plus que fidèle, celui sur lequel on pouvait compter, le *bon gars*, comme aurait dit papa, mais un bon gars ingénieur ! Et puis, toujours d'humeur égale, généreux, curieux du monde et attentif à l'Autre. Un rien le rendait heureux, les premières cerises de l'été, une éclaircie dans un ciel couvert, marcher pieds nus sur le sable… Oui, Thomas semblait picorer la vie avec optimisme et une étincelle brillait toujours dans ses yeux. Ces mots de Jean Giraudoux auraient pu être les siens : « Le bonheur est une petite chose qu'on grignote assis par terre, au soleil. »

Nous avions en commun l'amour de la nature. Le premier livre qu'il m'offrit fut *L'Art de voir les choses* de John Burroughs, accompagné de cette dédicace : « J'espère que tu apprécieras la lecture de ce petit livre précieux qui nous rappelle la force du lien qui nous rattache à la Nature et à la Beauté du monde », avec des majuscules à nature et beauté. Thomas était tombé amoureux d'Annecy, de son lac et des sommets majestueux qui l'entourent. Sac au dos, il partait s'y ressourcer, le cœur léger, impatient de retrouver son amie, la nature savoyarde. « Ce matin, je pars en montagne avec pain de campagne aux raisins + jambon sec + tomme de chèvre une fois au sommet », m'avait-il écrit dans un SMS ponctué de smileys joyeux et d'icônes de sapins. Je m'en souviens, c'était en juin 2022… Nous nous étions rencontrés trois ans auparavant lors d'un cours de boxe française. Ce mardi-là, la leçon avait déjà commencé depuis cinq minutes quand je l'ai vu arriver. Il est entré dans la salle avec le sourire et, sans savoir pourquoi, je lui ai proposé d'être mon partenaire pour les premiers exercices. Notre amitié s'était ensuite tissée entre coups maladroits, visages rougis de sueur et éclats de rire. Bien qu'il habitât en banlieue, il ne manquait jamais de me raccompagner jusqu'à la porte de l'immeuble. Et l'on bavardait encore pendant près d'une demi-heure de boxe, des choses vues, lues, entendues et vécues les derniers jours. J'avais l'impression de me retrouver des années en arrière au lycée…

Le 7 décembre, Thomas s'est tué. « Un après-midi sous un ciel serein », ont dit les gendarmes à son frère. Il se tenait face à ce paysage qui l'avait rendu si heureux et il contemplait pour la dernière fois le lac, les voiles des bateaux et les montagnes à l'horizon. Aura-t-il cherché dans la beauté de la nature un ultime réconfort ? Je ne peux m'empêcher de penser que, paradoxalement, c'est cette même beauté qui lui a insufflé la force de mettre fin à ses jours. Et j'ai imaginé son âme libérée de ses tourments s'élever comme une hirondelle au crépuscule. Thomas aimait les oiseaux. Un jour de début janvier, il m'avait remis une enveloppe en me glissant d'un air malicieux : « Une perruche l'a laissée tomber pour toi dans mon jardin ! » C'était une plume verte. Il s'était souvenu qu'au premier Noël sans papa, un couple de perruches s'était posé sur la rambarde du balcon pendant que je décorais le sapin. Ce jour-là, j'ai su que nous étions deux à voir dans les oiseaux les messagers d'un autre monde…

Thomas n'est plus et pourtant il me suffit de relire ses SMS, mails et petits mots pour ressentir sa présence. Mais depuis son départ, mes rêves sont troublants. Le premier est survenu trois jours après l'annonce de sa mort. Je le vois arriver en retard au cours de boxe, comme au premier jour. Bizarrement, il garde ses lunettes et reste immobile à l'entrée de la salle. Son regard me fixe avec insistance, il a le visage fermé. Je remarque que ses yeux sont embués de larmes. Je l'entends murmurer : « Je suis désolé, Pauline, j'ai aimé la vie et je l'aime encore, mais je n'avais pas d'autre solution. » Je m'entends hurler : « Thomas, NON ! Pourquoi as-tu fait ça ? » Je me réveille en pleurs. L'idée qu'il se soit retiré du monde à contrecœur m'est insoutenable. Le rêve suivant, je me trouve dans le salon avec Hugo, Lou, Duchesse,

Cléo et Mojo. Nous sommes tous réunis, impassibles, figés. Soudain, une chatte angora blanche comme neige surgit, suivie de son petit, tout aussi éclatant de blancheur. Comme nos chats, nous restons stupéfaits, comme si le temps s'était arrêté. La maman chatte avance vers moi, son regard bleu est empli d'amour et m'enveloppe d'une tendresse infinie. Quant au chaton de cinq ou six mois, il nous observe avec une innocence mêlée de supplication. Il s'approche de nos trois chattes comme si d'instinct il les reconnaissait. Elles l'accueillent avec douceur. La chatte angora rejoint sa progéniture et commence à le toiletter avec affection. Et ça n'en finit pas... Le jour se lève et je me sens étrangement apaisée alors que, la veille encore, le souvenir de Thomas les yeux pleins de larmes hantait mes pensées. J'essaie de comprendre. Dans une lecture sur la symbolique des rêves, je découvre que le chat « incarne la connexion avec le monde intérieur et les forces mystiques. Le chat blanc, symbole de l'équilibre entre lumière et obscurité, représente la pureté, un nouveau départ, la guérison et l'espoir... ». Je n'ai pas envie d'en savoir plus, je me fie à mon intuition : ces deux chats, la maman et son petit, c'est un message de Thomas pour me signifier qu'il a retrouvé sa mère. Comme au temps du bonheur quand elle marchait encore. Adolescent, il l'avait vu souffrir année après année d'une sclérose en plaques et en mourir.

Les trois nuits suivantes s'écoulent dans le calme, mais la quatrième prend une autre tournure... Je me retrouve avec le prêtre pianiste et chanteur Michel-Marie Zanotti Sorkine, un ami d'écriture et un ami tout court. Comme toujours, il porte une soutane noire qui se soulève au vent. Nous nous tenons devant un monument funéraire de marbre – noir lui aussi – où des inscriptions blanches se dévoilent à la lumière du jour naissant. Il pointe une phrase sur la septième ligne et, de sa voix grave, me dit : « Celle-ci est pour toi, Pauline. Lis. » Mes yeux se posent sur ces mots : « Tu étais avec moi. » Un coup de patte effleure alors mon nez puis ma bouche. C'est Mojo, la petite tigrée, qui me ramène gentiment au réel. À cet instant, je comprends que Thomas me fait savoir que j'étais avec lui dans ses derniers instants… Cette parole me réchauffe le cœur, même si je m'effondre en sanglots. Mojo se met alors à ronronner.

Ce SMS que je n'avais pas lu

Les jours s'égrènent et Thomas me manque. Une nouvelle fois, je me replonge dans ses SMS qui débordaient d'enthousiasme : « *Ready* pour notre petite séance de boxe au jardin de l'Observatoire ? », « À regarder absolument : la photo de la fresque réalisée dans les catacombes de Paris. C'est le *Guernica* de Picasso », ou encore « Comme tu prépares ton voyage en Kabylie, ce titre du groupe Djurdjura est pour toi. À écouter *absolument*. Thomas était friand du mot absolument ». Je tombe enfin sur un ancien message qui m'avait échappé : « Pauline, je te joins le lien de cette splendide chanson appréciée lors d'un concert de Gabriel Yacoub. Ces mots justes te parleront, j'en suis sûr. » Intriguée, je clique sur le lien pour la première fois et découvre le titre de la chanson, *Avant que de partir*. Mon cœur se serre. La voix, pleine de mélancolie, donne le ton :

Avant que de partir pour ce dernier voyage
plutôt que de compter tous les ans de mon âge
je voudrais partager avec qui le veut bien
ce frêle instant de gloire, de frayeur et de doute...

Des mains que j'ai serrées des deux mains dans les miennes
des cœurs que j'ai brisés sans désir de le faire
je garde le regret des songes que jamais
je n'ai su partager autant pour mon silence...

Fétiches emmêlés, guirlandes de prières
les dieux qui ont rouillé au fond de mon enfance
ne regardent que moi ; ce soir je suis le roi
ce soir je veux mourir, car je l'ai décidé.

Imagines-tu, Thomas, le choc que j'ai ressenti en écoutant cette chanson ?

Je suis dans mon bureau et j'aperçois la lune, elle semble si humaine. Je vois ses yeux, son nez, sa bouche et j'imagine que c'est toi qui m'observes de là-haut. Ce soir, je réponds à ton SMS avec des larmes, ces « pétales du cœur » dont parlait Paul Éluard. Je suis brisée, meurtrie, anéantie. « Ces mots justes te parleront, j'en suis sûr », écrivais-tu à la fin de ton message. Tu avais raison, maintenant ils me parlent et c'est ta voix, pas celle de Gabriel Yacoub, que j'entends : « La lumière m'éblouit et m'appelle... Ce soir, je veux mourir, car je l'ai décidé. » Mais moi, je n'ai plus de mots. Mon *sparring partner* de boxe – comme tu aimais te définir – m'a mise K.-O. debout.

Tu sais, Thomas, je te soupçonne même d'avoir fait resurgir ce SMS aujourd'hui pour que j'accepte ta décision d'en finir avec la vie. J'ai raison, non ? J'espère que dans ton nouveau monde, tu revis auprès des êtres aimés retrouvés. Surtout, je te demande de ne pas t'éloigner de ton frère Antoine que tu protégeais… et de continuer à me faire signe. Promis, mon ami ?

Je t'embrasse pour l'éternité.

Ah oui, une dernière chose : sache qu'à la boxe quand j'y retournerai, je serais bien capable de t'attendre ! Lol

Le lendemain, Hugo retrouve un livre que Thomas lui avait offert. J'en pleure et il s'excuse d'avoir ravivé la plaie… Quand Lou rentre de la fac, elle s'étonne de mes yeux rougis :
« Encore des larmes, maman ?
— Oui. Je n'arrive pas à accepter que Thomas soit mort seul et désespéré.
— Mais si c'était sa décision, maman ?
— La mort en soi est déjà difficile à accepter. Quand il s'agit d'un suicide, c'est une double peine. Et quand on ne comprend pas pourquoi, c'est la triple peine.
— Il n'a pas laissé de lettre ?
— Son frère m'a dit que non. Hélas.
— Et toi, tu n'as vraiment pas compris ?
— Ce que je sais, c'est que la solitude lui pesait alors même qu'il était entouré. Il me parlait souvent de ses amis…
— Je suis désolée, maman *(en passant ses mains derrière mon cou et en m'embrassant)*, mais faut que je te laisse. J'ai un devoir d'anglais à finir. Essaie de te reposer. »

Lou a raison ; trop d'émotions ; je n'en peux plus ; n'arrive pas à dormir ; je ferme les yeux ; dans ma tête, les images cognent et se fracassent…

Si je savais pourquoi
                Pourquoi
Tu t'es fait mal
                Si mal
À en mourir
                Mourir
Tombent les larmes
                Les larmes
Je suis sous le choc
                Le choc

15

Ô homme, regarde l'homme…
Tu as en toi le ciel et la terre.
Fais de ce monde un ciel sur la terre.

HILDEGARDE DE BINGEN, *LE LIVRE DES VISIONS*

J'ai toujours eu peur de la mort et des morts.

Faire le pari des signes

Cette angoisse a pris racine lorsque j'avais neuf ans. Mon oncle fut brutalement emporté par une rupture d'anévrisme à l'âge de trente-huit ans et, le jour de l'enterrement, je me suis bizarrement retrouvée seule dans l'escalier de l'immeuble au troisième étage alors que mon oncle et ma tante habitaient au cinquième. J'ai alors assisté à la descente du cercueil porté par des hommes en noir qui peinaient à le faire passer dans l'étroit escalier, le faisant tanguer d'un côté et de l'autre. Sur le palier, un voisin a crié à sa femme : « Viens vite, les croque-morts sont là ! » Ces mots m'ont traumatisée. Longtemps, ils ont hanté mes nuits.

Des années plus tard, un soir de janvier 2013 lorsque maman nous a quittés, le même sentiment de frayeur m'a paralysée au point de m'empêcher d'aller me recueillir à la morgue. Pourtant, c'est elle qui m'a réconciliée avec la mort. Lors de son enterrement en Lorraine alors qu'il faisait un froid glacial, une coccinelle est venue se poser sur ma main. Maman savait que j'avais une affection particulière pour les coccinelles et, au fil du temps, elles sont devenues ses messagères : une coccinelle pour me consoler, une deuxième pour m'encourager, encore une autre pour me porter chance… Admettre qu'elle m'envoyait des signes et que son âme continuait à vivre fut un long apprentissage. Une initiation aussi. Maman m'a permis de les reconnaître et de les cueillir, un peu comme on détache une framboise de son calice. Avec attention et délicatesse. Et dans ces infimes manifestations de l'invisible, j'ai perçu des messages empreints d'amour.

Aujourd'hui, je fais le pari des signes tout comme Pascal a fait le pari de Dieu au XVIIe siècle. Philosophe et mathématicien, il soutient que si la raison doit prouver l'existence de Dieu, elle échouera et qu'elle « n'y peut rien déterminer ». Il élabore alors un argument philosophique tiré de ses recherches sur les jeux de hasard. Dans ses *Pensées*, il formule ainsi son pari : « Si vous gagnez, vous gagnez tout ; si vous perdez, vous ne perdez rien. Parions donc sans hésitation qu'Il existe. » « Il », c'est Dieu avec tout ce qui s'ensuit pour un croyant : la résurrection des corps, le Jugement dernier, le paradis et l'immortalité de l'âme. Et si Dieu n'existe pas, tranche Pascal, vous ne perdez pas grand-chose puisqu'il n'y a ni récompense ni châtiment à espérer après la mort. Vous aurez seulement perdu du temps à faire des prières inutiles. Cependant, entre l'accès au paradis et le néant promis à un athée, le choix de Pascal semble irréfutable : *l'infini vaut mieux que le rien*. Il est donc préférable de parier sur un Dieu tout-puissant et une récompense éternelle.

Pour moi, le dilemme pascalien s'applique parfaitement à la croyance dans les signes. Bien que *la raison raisonnante* ne prouvera jamais qu'ils sont envoyés par les défunts, les signes ont le pouvoir d'être perçus intuitivement, et chacun a le don de les accueillir. Tel est le nouveau pari : on a tout à gagner à croire aux signes, car ils retissent les liens avec ceux qui nous étaient chers et donc réconfortent, apaisent et apportent force et joie là où régnaient tristesse et mélancolie. Et sur le modèle du « gain infini » promis par Pascal, les signes sont innombrables et incommensurables. Ils nous surprendront toujours par leur beauté et leur inventivité : des rêves où l'on retrouve les disparus ; des rencontres improbables avec des émissaires qui volent, papillons, libellules, mésanges, hirondelles… Ou encore, un arc-en-ciel qui surgit, une plume qui tombe à vos pieds, une ampoule qui clignote, un message furtif sur votre portable, un prénom cher écrit sur un camion qui passe, voire une caresse sur un visage…

Je sais que les sceptiques me répondront que tout est hasard, jeu de probabilités, ou fruit de l'imagination et ils voudront trouver pour chaque signe ou message une cause factuelle et mesurable. Encore et toujours la *raison raisonnante*… Mais moi, je me range du côté de Pascal que je trouve plus réaliste que Descartes quant à sa compréhension de la nature humaine. Pour l'auteur des *Pensées*, « le cœur a ses raisons que la raison ne connaît point ». Souvent mal comprise, cette formule n'est en rien la marque d'un sentimentalisme naïf. Elle affirme au contraire que l'homme doit *aussi* laisser parler ses émotions et reconnaître ses troubles. Croire aux signes, c'est écouter son cœur et accepter qu'il existe des vérités qui ne se prouvent pas, mais s'éprouvent. Parier sur les signes, c'est ouvrir la porte de l'Espérance dans l'idée que *la mort n'est pas le néant.* À l'inverse, renoncer à l'invisible peut mener à un vide émotionnel accablant et vous plonger dans la sidération. Comment trouver la paix et faire son deuil après la perte d'un proche lorsqu'on ne croit ni en Dieu ni en une transcendance et pas même aux signes ?

Plus de machines, moins de fées...

Quand la vie semble dénuée de sens, alors un profond sentiment d'abandon peut s'installer et cela s'appelle *la déréliction,* du latin *derelictio* qui veut dire « abandon ». Les mystiques chrétiens ont été les premiers à analyser ce sentiment de solitude extrême du croyant délaissé par Dieu. Saint Augustin en parlait comme « cette croix sur la croix, cette mort dans la mort », une douleur spirituelle intense, sans espoir d'être secouru. On aurait pu croire que ce concept disparaîtrait avec la perte de foi et l'effondrement des valeurs chrétiennes dans nos sociétés modernes. Pourtant, au début du XXe siècle, le sociologue allemand Max Weber redonne une nouvelle vie à cette idée. Lui parle du *désenchantement du monde*, un processus civilisationnel où la science, la technologie et la raison supplantent les religions, les croyances et les phénomènes surnaturels. *Plus de machines, moins de fées*, pourrait résumer sa pensée sur notre époque. Selon lui, l'abandon par Dieu devient perte de sens et enferme l'homme nouveau dans une « cage d'acier ». Nous voilà tous condamnés à une existence froide, rationnelle et préformatée…

À la même époque, l'écrivain Fernando Pessoa explore à Lisbonne les conséquences du désenchantement et invente un autre concept, l'intranquillité. Publié après sa mort en 1935, son *Livre de l'intranquillité* décrit l'angoisse de la vie sans foi ni sens de l'homme contemporain. Mais Pessoa a l'intuition qu'il est possible de retourner cette faiblesse en force. Le désenchantement webérien était un état, l'intranquillité pessoenne est une énergie. Pour lui, elle se transforme en une quête intérieure, c'est la possibilité pour les hypersensibles de ressentir des choses et de voir des formes que le monde ordinaire bannit. Là où Weber ne voit qu'une cage, Pessoa ouvre la porte de la volière, passerelle vers l'invisible et l'intériorité. L'intranquillité nous pousse alors à combattre la banalité du quotidien et à vaincre la vacuité de nos existences…

Réenchanter son esprit et vivre en harmonie dans l'intranquillité peuvent sembler des tâches insurmontables, pourtant des éclats de lumière subsistent. À nous d'apprendre à voir avec des yeux neufs ce « que la raison ne connaît point », comme l'énonçait Pascal. À nous de reconnaître la beauté dans les petites choses du quotidien, une fleur qui éclot, l'ombre d'un papillon sur un mur, des flocons de neige qui dansent… Ces instants fugaces nous rappellent que, même dans la désespérance, des fragments de vie à la limite du merveilleux peuvent apporter un souffle de joie. C'est en eux que réside le réenchantement que l'écrivain Gabriel García Márquez appelait de ses vœux avec le « réalisme magique », fusion entre le réel, le rêve, le surréel et le surnaturel… Écoutons cette voix intérieure qui murmure que tout n'est pas sombre et qu'il y aura encore et toujours de la lumière ! Embrassons la beauté et la grandeur de la nature pour y cueillir des signes.

Et si la mort n'était qu'un mot
Et si l'espérance nous appelait
Et si l'obscurité dévoilait sa clarté
Et si la vie l'emportait toujours et partout ?

16

Toute chose intérieure
reste intérieure et se dénoue là.

Rainer Maria Rilke, *Lettres à un jeune poète*

L'autobus est bondé.

Janvier 2025
Un bus pas comme les autres

Il déborde d'adolescents, filles et garçons, accompagnés de leurs professeurs. Ça chahute, ça crie, ça rit, une joyeuse cacophonie de sortie scolaire. Je repère la dernière place libre et m'assieds à côté d'une jeune fille plongée dans des notes, visiblement absorbée par ses révisions. En face de nous, deux petites dames âgées, un peu frêles. Leurs cheveux blancs marqués par des bigoudis encadrent des franges au bol. Des lèvres fines et pincées soulignent leur air revêche et leurs manteaux laissent entrevoir deux robes beiges identiques, l'une parsemée de marguerites blanches, l'autre de marguerites jaunes. Nul doute, ce sont des jumelles. Les mains croisées sur leurs genoux, elles me fixent avec intensité comme si elles cherchaient à vouloir percer quelque chose en moi ; cela finit par me mettre mal à l'aise.

Je fouille nerveusement dans mon sac, extirpe mon portable et me réfugie sur les réseaux sociaux. Dire qu'il me reste encore plus de vingt minutes de trajet ! À chaque arrêt, j'espère qu'elles vont se lever et descendre, mais elles se tiennent coites. Je range mon téléphone, m'accoude à la fenêtre et laisse vagabonder mon esprit.

Machinalement, je fais glisser mon pendentif scarabée le long de sa chaîne quand, tout près de moi, un murmure s'élève. Je me redresse, croyant que la jeune fille relit son cours à voix basse, mais non… Le murmure s'amplifie. Les jumelles peut-être ? Pourtant, leurs lèvres ne bougent pas et leur regard est toujours aussi impavide. Serait-il possible qu'elles soient ventriloques ? Non, c'est ridicule. Je m'enfonce dans mon siège et joue avec le pendentif. Le murmure s'amplifie alors même qu'un grand silence envahit l'espace. Autour de moi, plus aucun signe de vie ; les jumelles sont comme des statues de cire, leurs yeux toujours rivés sur moi ; quant à la jeune fille, son stylo reste étrangement suspendu entre ses doigts. Le murmure devient voix. Un son rauque résonne dans ma tête, j'ai le sentiment de l'avoir déjà entendu…
« Vous me reconnaissez ? »

Je sursaute. Ma main se referme sur le pendentif.
« Qui parle ? dis-je en chuchotant.
— C'est moi, répond la voix. Votre scarabée.
— Mon scarabée ? »

Je baisse les yeux vers le talisman. Sa coque en onyx se met à briller.
« Vous êtes le scarabée de Touraine ?
— Non, je viens du grand désert de sable, celui de l'Égypte éternelle.

— Mais qui êtes-vous, au juste ?
— Nous sommes liés depuis que vous portez ce talisman. Et je vous protège depuis bien plus longtemps que vous ne l'imaginez.
— Mais pourquoi aurais-je besoin d'être protégée ? »

Un court silence et le scarabée reprend :
« Vous avez failli mourir une fois déjà et une ancêtre a veillé sur vous. Elle a empêché un grand malheur...
— Un malheur ? Mais quand ?
— Il y a plusieurs années. Vous souvenez-vous d'une certaine nuit au Caire ?»

Trop d'émotion, ma main lâche le pendentif tandis que la voix s'efface et que le brouhaha du bus reprend. Je repense alors à ce séjour en Égypte et à cette chambre d'hôtel près des pyramides quand ma vie faillit s'arrêter. Nous revenions d'une croisière sur le Nil où j'avais commencé à avoir de la fièvre et des douleurs au ventre. Lou, quatre ans à peine, pleurait sans cesse. Un médecin avait suggéré mon hospitalisation, mais je suppliais Hugo de refuser. Un mauvais pressentiment. La veille de notre départ, mon état s'était aggravé. J'étais faible et j'avais dû rester toute la nuit assise, le dos calé contre des coussins. Dès que je m'allongeais, l'ombre noire de la *grande faucheuse* s'avançait, mais, chaque fois qu'elle voulait m'atteindre, une force invisible m'aidait à repousser sa lame. Ce combat acharné dura jusqu'au petit matin... À présent, je comprends que, ce jour-là, on a veillé sur moi. Mais qui ? Instinctivement, je porte le pendentif à mes lèvres et l'embrasse.

Autour de moi, les bruits s'éteignent et seule la voix sourde du scarabée demeure.

« L'âme de la femme qui vous a protégée a connu une fin tragique, dit-il, avec solennité. Elle a été arrachée à l'existence toute jeune et dans d'affreuses souffrances. La vie de son fils, alors âgé de sept ans, a été bouleversée.
— Mais vous parlez de ma...
— Ne m'interrompez pas, car malheureusement l'histoire n'est pas finie. Ce jeune garçon a grandi et le destin ne l'a pas épargné. Plus tard, il a perdu sa jeune épouse morte en couches, le laissant seul avec un nouveau-né.
— Ce garçon, c'était mon père ?
— Oui et la malédiction familiale a failli se reproduire. Souvenez-vous, quand vous avez commencé à délirer en Égypte, Tamila n'a pas voulu que le malheur s'abatte sur vous et votre petite fille. Elle a brisé ce cycle funeste et la mort a fui. »

Sous le choc de cette révélation, je balbutie :
« Ce n'est donc pas ma grand-mère Tassadit qui m'a protégée ?
— Non. Vous devez la vie à votre arrière-grand-mère Tamila, celle dont vous portez le prénom. Elle se sent responsable de votre destinée.
— Accordez-moi un instant, j'ai besoin de reprendre mes esprits... »

Je comprends à présent que les signes s'assemblent pièce après pièce et qu'ils révèlent le puzzle de mon histoire familiale.

Les jumelles me donnent rendez-vous...

Je lâche de nouveau le scarabée et la vie reprend. Un professeur annonce aux élèves qu'ils descendront au prochain arrêt, celui du musée Guimet ; la jeune fille, elle, range son cahier dans son sac. Tiens, voilà que le visage des jumelles s'anime, celle de gauche me sourit même en hochant la tête. Je retourne à mes pensées. Le scarabée a parlé de malédiction familiale. Une malédiction ? Le mot paraît excessif et pourtant… Sur l'extrait de naissance de Grand-père, j'ai vu que sa mère Tamila avait accouché à vingt-huit ans et qu'elle était morte à trente-cinq. A-t-elle succombé à une fausse couche ? Et Tassadit, ma grand-mère, a aussi quitté ce monde après avoir donné naissance à mon père. Une lignée de mères brisées. Une angoisse monte en moi quand je me remémore la naissance de ma fille. Lou est venue au monde après plusieurs fausses couches, et une césarienne nous a sauvées toutes les deux lors de l'accouchement. Mais si j'avais vécu à l'époque de Tamila et de Tassadit, j'aurais probablement péri comme elles.

Je veux en savoir davantage et serre plus fort encore le pendentif. La vie se retire à nouveau du bus. Le scarabée poursuit :
« Il me faut maintenant vous parler de votre lignée, celle qui traverse les millénaires, les siècles et les âges…
— Vous me faites peur.
— Ne craignez rien. Tout a commencé à Thèbes en Égypte. C'est là que Thot, le dieu de l'intelligence et du langage, a fait don de l'écriture à l'humanité. Il s'était entouré de lettrés, mais il a voulu que votre ancêtre Satis devienne la première femme scribe de l'Histoire !
— Satis, avez-vous dit ? La première femme scribe ?

— Oui, c'était son nom. Elle transcrivait les récits divins et chaque texte qu'elle recopiait rejoignait la bibliothèque des dieux pour entrer dans l'éternité. Vous pouvez être fière de votre ancêtre.
— Mais nous sommes en 2025 et le temps des pharaons paraît si lointain…
— Oui, mais c'est votre lignée. Pour Satis, la connaissance était la voie vers l'immortalité. Et toutes celles qui sont nées de sa descendance ont poursuivi *le chemin du savoir*. Elles avaient une soif insatiable de vérité et le désir de transmettre.
— Pourquoi dites-vous *elles* ? Et les hommes ?
— Dans votre famille, la transmission passe par les femmes. Toutes voulaient que leurs enfants apprennent à lire et écrire…
— Et pas les pères ?
— Chez vous, ce sont les mères, les tantes et les sœurs qui poussent les enfants à s'élever spirituellement. Prenez votre arrière-grand-mère : sur son lit de mort, elle a fait promettre à son mari de mettre leur fils unique d'abord dans une école coranique puis chez les Pères Blancs.
— Vous parlez d'Aghdim, mon grand-père ?
— Oui et l'histoire s'est répétée avec votre père Mohand. Sa mère défunte veillait sur lui depuis l'au-delà. Elle entrait dans les rêves de son mari et guidait ses choix. Lui aussi, contre l'avis de sa famille, a insisté pour envoyer son fils chez les Pères Blancs.
— Pourtant, mon père n'était pas, comme vous dites, un lettré…
— Mais vous, si ! Vous avez hérité de cette soif de savoir. Si Satis a tracé le chemin, c'est à vous désormais de le poursuivre. Pour vous, votre enfant et votre descendance. »

Je retire ma main du pendentif. Comme si de rien n'était, la classe descend du bus, la jeune fille aussi. Mais les jumelles, elles, restent assises. L'expression de leur visage a changé et leur regard est devenu plus cordial. Celle qui porte la robe avec les marguerites jaunes se penche vers moi.

« Nous tenions à vous dire quelque chose avant de descendre. Si vous le permettez, bien sûr.
— Je vous en prie.
— Ma sœur et moi sommes persuadées de vous avoir déjà rencontrée.
— Vraiment ? Je ne m'en souviens pas. Et pourtant, vous ne passez pas inaperçues ! Sans vouloir vous offenser.
— Vous ne nous offensez pas du tout, d'autant que nous vous avons connue... dans une vie antérieure, répondent-elles en chœur, l'air réjoui.
— Dans une quoi ?
— Dans une vie antérieure, vous avez bien entendu !
— Mais où et quand ? »

Elles échangent un regard complice avant de répondre à l'unisson :
« C'était en Égypte, il y a bien longtemps, au temps des premiers pharaons, plus précisément dans le temple de Rê à Héliopolis.
— Vous en êtes sûres ?
— Le lac sacré, cela ne vous dit rien ? demande celle à la robe aux marguerites blanches.
— Non.
— Réfléchissez bien, insiste la sœur.
— Vous devez faire erreur sur la personne...
— Pas du tout, tranche celle aux marguerites jaunes. Nous étions les servantes du grand prêtre d'Osiris

et l'on vous voyait souvent passer dans le cortège royal, de l'autre côté du lac.
— Dans un cortège royal ? Non, mais vous êtes sérieuses ?
— Vous faisiez partie de la suite d'Initkaes, la fille du roi Djéser et d'Hétephernebty. Elle était magnifique sur son trône. Et vous aussi à ses côtés. Ces noms ne vous disent rien ?
— Vraiment rien. Mais comment m'avez-vous reconnue ?
— À cette époque, vous étiez très brune, les cheveux lissés, les yeux plus maquillés aussi. Mais c'était bien vous, il n'y a aucun doute. Vous portiez même un livre sacré dans vos bras nus. Vous n'en avez aucun souvenir ? »

Les jumelles sondent mon visage, guettant la moindre réaction. Je reste perplexe.
« J'ai une question…
— Nous vous écoutons.
— Le scarabée, c'est lui qui vous a mises sur mon chemin ?
— *(En chœur :)* Quel scarabée ? Nous n'avons jamais parlé de scarabée ! Nous ne comprenons pas ce à quoi vous faites allusion, mais nous sommes enchantées de vous avoir revue ! déclare la jumelle à la robe aux marguerites jaunes.
— Et soyez certaine que nous nous retrouverons, conclut la seconde. Alors, à *bientôt* ! »

Je serre le pendentif dans ma main, lui parle à voix basse et l'exhorte de me répondre. Le scarabée reste muet. Sa coque noire ne scintille plus.

Toi mon destin
Qui sait avant moi
Et qui sait pourquoi
Dis-moi
Que le hasard tu vaincras
Et si j'osais
Un livre j'écrirais

Farandole de remerciements à :

Sandrine Godin : « Le déclic pour écrire ce troisième opus, c'est toi »

Pierre Gemme : « Ta relecture exigeante m'a aidée à avancer »

Maria Fermanis : « Toujours là pour me relire et m'encourager »

Paul Boury : « Sentir ton enthousiasme m'a donné des ailes »

Alice Darbinian : « La justesse de tes intuitions m'ont guidée »

Yvon Bedu : « Ta foi en moi m'a portée pendant l'écriture »

Lola Moreira : « Votre écoute et vos conseils m'ont été précieux »

Claire Merryl : « Quand tout est sombre, vous savez si bien m'éclairer »

Gérald Conte : « Vous m'avez permis de rencontrer mon éditeur ! »

Marie Pichon : « En harmonie avec ton talent d'éditrice »

Guy Trédaniel : « Quel bonheur que d'être publiée par vous ! »

Et merci à tous ceux et celles qui m'ont aidée à *cueillir des signes*.

Table des matières

13

14

15

16

Achevé d'imprimer en février 2025
sur les presses de la Nouvelle Imprimerie Laballery
58500 Clamecy
Dépôt légal : février 2025
N° d'impression : 502263

Imprimé en France